Tips for English Teachers

英語を教える50のポイント

CD付き

太田 洋 著

光村図書

はじめに

「英語を効果的に教えたい」「自分の授業を改善したい」「楽しく力のつく授業をしたい」「自分の行っていることを見直したい」——この本は，そのような思いを持っている英語の先生方に読んでいただきたい本です。

私はこれまで中学校で21年間，大学で2年間英語を教えてきました。この本は私がその実践の中から，その折々に思ったこと，英語を教えるにあたって考えてきたこと，大切にしてきたこと，そして具体的に工夫してきたことをまとめたものです。

私は英語を教える際に，ちょっとしたアイディアを大切にしています。そのような考えからそれぞれの項目を Tip としました。Tip とは，「秘訣・コツ・役に立つアドバイス」という意味です。一つ一つはちょっとしたアイディアですが，このちょっとしたことが英語を教える際に大切だと私は考えます。

全体は七つのパートからなっています。まず Classroom Tips で英語を教えるにあたっての大切な考え方を述べます。次からは技能別 (Listening, Speaking, Reading, Writing) に教える際のアイディア，活動例を載せています。次は教科書です。教科書，特に「教科書本文」をどのように扱えばいいか，私が行ってきたことを載せました。どの教科書を使っていても同じアイディアが生かせると思います。最後のパートは，その他の Tip です。ここではテストの作成法，テスト返却の時間の使い方，家庭学習法，ノートの作り方など，どの先生も行うけれども本にはなかなか取り上げられないことを載せました。

どの Tip からでも気軽に読めるようになっています。「あっ，これ授業でやってみよう」「なるほど，こう考えるのか。授業を見直してみよう」など，みなさんが授業を改善する際の参考にしていただければうれしく思います。

この本の Tip を利用する際にお願いしたいことがあります。それは新しい考えで，新しいことを授業で試す際は，「三度は試してみる」ということです。
　一度目はまず失敗します。それは先生も生徒も，そのやり方に慣れていないからです。そこで「あっ，この活動（考え方）は私のクラスではうまくいかないんだな」と思わず，「どう変えると自分の生徒たちに合うだろう」と考え，自分の教室の実情に合わせて small change を試みます。これを繰り返すと三度目には自分のものになってきます。
　習ったことをどう生かすかを考えること，そしていきなり全部変えようとしないで，できるところから少しずつ変えることが大切です。「あせらない」「あきらめない」そして「あかるく」──三つの「あ」を心に刻んで教えていきましょう。

　この本を執筆するにあたり，多くの方々にお世話になりました。中学校教員の最初の学校から私に授業の組み立て方などさまざまなことを教えてくださった東京都の中学校の先生方，ありがとうございました。とりわけ，石川賢司先生，小寺令子先生，安原美代先生には，この場を借りてお礼申し上げたいと思います。
　そして何より私といっしょに授業を作ってきてくれた生徒の皆さん，皆さんの何気ない一言から私は多くのことを学びました。
　本当にありがとう！

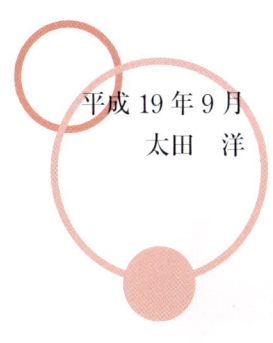

平成 19 年 9 月
太田　洋

目次

はじめに

PART 1　Classroom Tips

Tip 1　Elicitation を心がけませんか …………………8
Tip 2　「ああ」「なるほど」が学習の鍵 …………………10
Tip 3　導入の工夫より定着の工夫を …………………12
Tip 4　同じ英語を違うスキルで繰り返す …………………14
Tip 5　生徒が英語とかかわる時間は？
　　　— Teaching Plan のチェックポイント(1) …………………16
Tip 6　Classroom Interaction を豊かに …………………18
Tip 7　英語教師もバランス感覚が大事 …………………20
Tip 8　「授業に役立つ」年間計画を …………………22
Tip 9　授業の目的とその活動のつながりは？
　　　— Teaching Plan のチェックポイント(2) …………………24
Tip 10　活動の前・中・後ですることは …………………26

PART 2　Listening Tips

Tip 11　Listening — 何を？どのように？いつ？ …………………30
Tip 12　Small Talk で聞く力が伸びる …………………32
Tip 13　Listening 教材は何度も聞かせましょう …………………34
Tip 14　答え合わせの場面こそ教師の出番 …………………38
Tip 15　Listening Strategies で聞くコツがわかる …………………40

PART 3　Speaking Tips

Tip 16　Speaking ― 何を？どのように？いつ？ …………44
Tip 17　まずは慣れることが大切 …………46
Tip 18　Yes, No の後に1文付け足して …………50
Tip 19　私のおすすめ Speech Bubbles …………52
Tip 20　あなたの知らないことが出てきたらチャンス …………56
Tip 21　発話しやすくなるためのコツは PRR …………58
Tip 22　Output のための Input が大切！ …………62
Tip 23　Speaking の評価はインタビューテストで …………64

PART 4　Reading Tips

Tip 24　Reading ― 何を？どのように？いつ？ …………68
Tip 25　音読のやり方を工夫しましょう …………70
Tip 26　Referential Question をしてみませんか …………72
Tip 27　ALT や生徒が書いたものを Reading 教材に …………74
Tip 28　多読のすすめ(1) …………78
Tip 29　多読のすすめ(2) …………80

PART 5　Writing Tips

Tip 30　Writing ― 何を？どのように？いつ？ …………84
Tip 31　5分以内でできる Writing 活動を準備しておきましょう！…86
Tip 32　まずは量を書かせましょう―オリジナル文のすすめ― …88
Tip 33　読み手を意識した3行 Writing 活動をしませんか …………90
Tip 34　「味付け」の語句を加えて具体的に書く …………92
Tip 35　書く前の活動(Pre-writing Activities)を考えましょう！ …94
Tip 36　書いた後の活動(Post-writing Activities)を考えましょう！…96
Tip 37　Feedback のちょっとした工夫 …………98

PART 6　Tips for Using Textbooks

Tip 38　本文の内容を理解させた後の活動をしましょう
　　　　― 教科書本文の扱い方(1) ……………………………102
Tip 39　英語を頭の中に残すにはこんな活動もある
　　　　― 教科書本文の扱い方(2) ……………………………104
Tip 40　教科書にある"絵"を使った活動をしましょう　…………108
Tip 41　登場人物を生かした活動をしませんか　………………112
Tip 42　教科書を見返す機会を作りましょう　……………………116
Tip 43　文法のまとめにこんな活動はいかがでしょうか　………118

PART 7　Extra Tips

Tip 44　すぐにできる Grammar Focus Activity をしましょう　……122
Tip 45　語彙を身につけさせる効果的な方法は　………………124
Tip 46　テスト問題はこんな手順で作る　…………………………128
Tip 47　テスト返却の時間は振り返るための絶好の機会　………134
Tip 48　採点した後が勝負　………………………………………136
Tip 49　CD と教科書を使った家庭学習の仕方　…………………138
Tip 50　こんなノート作りで学習を Follow Up　…………………140

付 録

Small Talk 集　………………………………………………………144
手作り Listening 教材　………………………………………………148
おすすめ Reading 教材　………………………………………………162
おすすめ英語教師の参考図書　………………………………………164

PART 1

Classroom Tips

この PART では主に ─
- 英語の授業で大切なことは何だろう？
- 年間計画はどうやって作ったらいいのだろう？
- Classroom Interaction を活発にするためにはどうしたらいいのだろう？
- 生徒が活動しているときの教師の役割は何だろう？
  ─ などの疑問に答えます。

Elicitationを心がけませんか

教える前に生徒たちの知っていることを引き出しましょう

　Elicitation とは，techniques or procedures which a teacher uses to get learners to actively produce speech or writing（Dictionary of Language Teaching & Applied Linguistics, Longman）という意味です。つまり，教師が一方的に教えるのではなく，**生徒から積極的な発話を引き出す**ということです。

　教師はとかく「教えよう，教えよう」という気持ちが強く出すぎてしまい，気がついたら「教師が一方的に話していた」ということになりがちです。そこで，教えてしまう前にちょっと待ち，「生徒から引き出すこと（＝Elicitation）」を考えてみてはどうでしょうか。**生徒は教師が思っているより知っていることが多い**のです。

　例えば，以下のような場面で Elicitation することができます。

・活動で使う Vocabulary を引き出す

　日曜日の予定を，"What are you going to do next Sunday? ― I'm going to ...." と友達同士でたずね合う活動があるとします。このとき，活動で使う Vocabulary を前もって生徒から引き出すことができます。

・本文の復習をする

　絵を使い，絵の中のもの，人物，場所，何をしているところかなどを生徒から引き出すことにより，本文の内容，表現，単語などの復習をすることができます。

Teacher ：What can you see in this picture?
Students：Pumpkins! / Spoons! / Table! ……
Teacher ：Who are these people?
Students：Yumi! / Sanae! / Tom! ……
Teacher ：What day is it tomorrow?
Students：Halloween!
Teacher ：What are they doing?
Students：They're getting ready for Halloween.

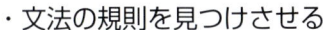

・文法の規則を見つけさせる

　文法を教えるときも，教師が最初から説明してしまうのではなく，例文を多く示し，生徒に規則を見つけさせるとよいでしょう。

　このように，Elicitation を心がけると「生徒の発話量が増える」「生徒が受け身ではなく，自分で考えようとする」「生徒に何が身についていて，何が身についていないかわかる」などの効果があります。もちろん，生徒から Elicitation できないときもあります。その場合は教師が教えればいいのです。大切なのは，まず生徒に考えさせることです。それが生徒が発話する第一歩になります。

　「教える前に Elicitation してみよう」という姿勢で授業を行ってみませんか。Elicitation する場面がたくさんあることに気づくと思います。

Tip 2

「ああ」「なるほど」が学習の鍵

生徒をほめるときは具体的に

　生徒をほめることの大切さは今さら言うまでもありません。でもただほめればよいというのではなく，そのほめ方が大切です。「よかった」「すばらしいよ」だけより，次のページの絵のように「だまって聞いているだけでなく，Oh, really? など相手の言うことに反応しながら聞いていたのでよかったね」と具体的にほめるほうが効果があります。

　具体的にほめると，ほめられた生徒にはもちろん効果がありますが，同時に先生のコメントを聞いているほかの生徒たちにもよい効果があります。ほかの生徒たちは「ああ」「なるほど，そうするとよいのか」と思い，自分なりにまねし，取り入れることができるからです。私は「ああ」「なるほど」と思わせることがとても大切だと思っています。

　つまり，先生のある一人へのほめ言葉がクラス全員へのアドバイスになるのです。

　「ただ黙って聞いているだけでなく，Really? And then? など反応しながら聞く Active Listener になってほしい」など，教師は「生徒にこうなってほしい」という思いをもっています。それを最も効果的に伝えられるのは，生徒をほめる場面ではないでしょうか。

　クラスで学習する利点はここにあると思います。つまりお互いによい点を学び合うことです。教師の役目の一つは，生徒のよい点をほめ，クラス全体で共有することにあります。

Tip 3

導入の工夫より定着の工夫を

一度目より二度目，三度目の田中さん ― 違った場面での繰り返し

　「言語の習得には時間がかかる」これは英語を学んできた人ならだれでも感じることです。言語は短時間では身につきません。これを教える立場から考えると，「一度習ったことに何度も触れる機会を与えることが大切」ということになります。

　私はこのことを「一度目より，二度目，三度目の田中さんが大切」と言っています。あるパーティーで田中さんという方に会ったとします。（パーティーを授業，田中さんを新出文法事項と考えてください。）田中さんとそこでいろいろお話しし，知り合いました。でも一度会っただけで名前とどんな人かを覚えるのはなかなか難しいものです。

　そこで二度目，三度目の出会いです。今度はデパートで田中さんに会いました。最初は「あれ，だれだったかな，この人。どこかで会ったよな？」と忘れていますが，「この間パーティーで会った田中です」とあいさつされれば，「あっ！そうだった」と記憶に残りやすくなります。さらに，三度目にまた違った場所で田中さんに会えば，今度は「あっ，田中さんだ」と名前を思い出せるくらい，ますます記憶に残りやすくなってきます。

　このように一度習ったことに何度も触れる，出会う機会を与えることで，新しい事項はだんだん習得されていきます。ここで大切なことは，同じ場面で同じ文で二度，三度と繰り返すだけではなく，違った場面で違った文で二度，三度と繰り返すことが大切ということです。

　では，具体的にどのように二度目，三度目の田中さんに出会わせることができるでしょうか。授業で次のようなことが考えられます。例えば「〈look＋形容詞〉の文法項目を最近習った」として考えてみましょう。

1 Teacher Talk で使う

　授業の Small Talk などのちょっとした場面で，最近習った〈look＋形容詞〉を意識的に使い，話をします。

Teacher：（眠そうな生徒に対して）Kei, you look sleepy.　Are you OK?
　　　　　What time did you go to bed last night?

2 教科書で〈look＋形容詞〉が再び出てきた場面で触れる

Teacher：（教科書に出てきたら）これ，この間習ったね。どんな意味だったかな？

　生徒たちに「あっ，そうだ」と思い出してもらうきっかけをつくることがポイントです。

3 教材に意図的に入れる

　ワークシートを作る際，ダイアローグや練習問題に〈look＋形容詞〉を入れるようにします。

> （must が新出文法事項の場合）
> 次のような場面であなたなら何と言いますか？　（　）に適当な語句を入れて言ってみましょう。
> ― 相手が眠そうな場合
> 　You look sleepy.　You must (　　　　　　　　　　).

　「二度目，三度目の田中さんが大切」と日ごろから思っていると，授業のちょっとした場面で出会いを作り出すことができます。
　「一度目より二度目，三度目の田中さん」― 心がけませんか？

Tip 4

同じ英語を違うスキルで繰り返す

リスニングをして終わりじゃもったいない！

　英語学習で大切なことは繰り返し。同じ英語でも，一度触れるよりは二度，三度触れることにより，英語が頭の中に残りやすくなります。そのために私たち教師はいろいろな工夫をすることが大切だと思います。

　授業中の活動でもリスニングだけ，スピーキングだけでなく，リスニングしたことを生かしてスピーキングする，スピーキングしたことを生かしてライティングするなど，**複数のスキルを生かした活動をすることが大切**になってきます。

　そうすることにより，同じ英語に何度も触れることになり，それだけその英語が頭の中に残りやすくなります。

　2，3分あればできる活動例を一つ挙げます。次の例は教科書のリスニング教材ですが，①〜④の流れで違うスキルを使って活動します。

Listen 放課後にしたいこと

放課後に何をするかMaryとKevinが相談しています。

1st Listening Maryがしたいことには M，Kevinがしたいことには K を
( ) に書きましょう。

 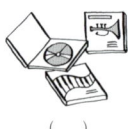 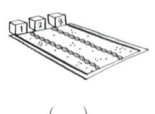  

( )　　( )　　( )　　( )　　( )

2nd Listening 結局二人は何をすることになりましたか。その絵を○で囲みましょう。

COLUMBUS 21　2年 p.31

> (スクリプト)
> Mary ：Hi, Kevin. Are you busy after school today?
> Kevin：No. Why?
> Mary ：I want to go swimming. Can you come with me?
> Kevin：Well, I don't really want to go swimming today. How about playing basketball? I love basketball. It's a lot of fun. You like basketball, right?
> Mary ：Well, watching basketball is exciting. But I don't like playing basketball very much. How about a movie? We both like movies. We can see Moon Wars at the ABC theater.
> Kevin：Moon Wars? I don't like SF movies very much. Oh, I know…there's a bargain sale at the CCC Mart. Do you want to go and get some CDs?
> Mary ：OK. Sounds good. Let's go there.

① (Listening) 1st Listening, 2nd Listening を行う。
② (Speaking) ①の答え合わせの後で，二人一組になり，一人は Mary がしたいこと，もう一人は Kevin がしたいことを言う。

> Mary wants to go swimming.

> Kevin wants to play basketball.

③ (Writing) Mary がしたいこと，Kevin がしたいことをノートに書く。
④ (Optional) 絵を見て，放課後自分がしたいこと，したくないことを言う。教師がモデルを示すとよい。
　例：I want to get some CDs. I like to listen to jazz.
　　　I don't want to go swimming. I'm not a good swimmer.

　いかがですか？リスニングを終えた後，少し時間をとるだけで Listening → Speaking → Writing とつながる活動になります。「リスニングをして終わりじゃもったいない。違うスキルを使って繰り返せないかな」といつも思っているとよいでしょう。
　複数のスキルを統合した活動をしませんか！

生徒が英語とかかわる時間は？
― Teaching Plan のチェックポイント(1)

大切なのは先生が何をするかではなく，生徒が何をするか

　私が授業をする際にチェックしていることの一つに，「この時間で生徒は何をするか」ということがあります。授業はどうしても先生を中心に考えてしまいがちですが，大切なのは先生が何をするかより，生徒がどれだけ英語とかかわる時間があるかということです。

　先生がいろいろ動いている，説明している，英語でたくさん話している―このような授業は一見よいのですが，「生徒は何をしているのだろう？」「生徒は英語とかかわっているのか？」という点で見ると，一見よい授業も「？」がつくことがあります。

　私はあるとき次のような授業を見ました。先生は一言英語で指示をし，生徒はその指示でどんどん活動をしていく。活動が終わると，先生は次の活動の指示を簡単にする，生徒はまた活動をする。一見とても地味な授業ですが，「生徒が何をするか」「生徒は英語とかかわっているか」という点から見ると，すばらしい授業です。

　ここで私ががむしゃらに授業を行っていた時期の失敗例をご紹介します。(でも当時はこれでよいと思っていました…)

・絵や小道具を使い，生徒を笑わせながらの新出文法事項の導入。

5〜10分間の導入で，生徒が聞いた英語はほんの数文。生徒は確かに私のパフォーマンスを楽しみましたが，英語は学んだ？？？

●日本語をどんどん使っての長々とした文法説明。

三人称単数現在っていうのはね，主語が三人称で単数で現在のときに動詞にsがつくんだよ。一人称はI，二人称はyouだね。三人称の単数には，sheやheの場合があるね。itやTomも三人称だよ。……

　私はこれも教えようあれも教えようと熱心に説明をしますが，わかりやすくと思えば思うほど説明は長くなり，しまいには例外まで教えてしまいました。生徒は一度にたくさんのことを言われ情報過多で理解困難。また理解した気にはなったとしても，その知識を使う時間がほとんどありません。これで知識が身につく？？？

●活動の説明を長々とする。

I gave each of you a worksheet. Some of you have Worksheet A. Others have Worksheet B. You have some missing information, so you are going to ask your partner...

　凝った活動ほど，これが起こりやすくなります。私の説明は，ジェスチャーを使って英語で行うので一種の聞く活動にはなっていますが，目的はその活動で生徒に英語を使ってもらうことです。説明5分，生徒の活動時間2分，これで意味がある？？？

　いかがですか？自分の恥をさらすのは情けないのですが，「この時間で生徒は何をするだろう」という点からTeaching Planをチェックすると，「先生の一人舞台，生徒は受身」というパターンが結構あります。
　授業で，生徒が英語とかかわる時間を増やしませんか！

Classroom Interaction を豊かに

「教師が質問，生徒が答える」だけでなく，バラエティを！

　教室での Interaction はどうしても次のようになりがちです。
Teacher　：What did you do yesterday, S1?
Student 1：I watched TV.
　教師が質問し，指名された生徒が答える。そして教師はまた別の生徒に質問する。この Interaction は，それはそれで意味があります。教師の質問を理解して答えるという点では大切な Interaction です。
　ただ，次のような点について考えなくてはいけません。

> ・生徒は質問に答えるだけになっている。
> ・クラス全体が巻き込まれていない。
> ・教師と生徒の間だけの Interaction になっている。
> ・１問１答形式で，話題が発展しない，広がらない。

　以上のような点を修正するためには次のようなことを考えるとどうでしょうか。

> ・生徒にも質問する機会を与える。
> ・個から全体へ，ということを考える。（一人の生徒に質問したことをほかの生徒，クラス全体に質問する。）
> ・生徒同士で質問し合わせる。
> ・関連した質問をする。

では，具体例を挙げましょう。

Teacher（以下 T）：What did you do yesterday, S1?
Student（以下 S）1：I watched TV.
T：What program did you watch?　←話題を発展させる
S1：I watched（ドラマ名）.
T：（ドラマ名）!　I watched it, too.　Who watched the drama?（手を挙げさせる）←クラス全体を巻き込む
Students：（見た生徒たちが手を挙げる）
T：Do you like（出演している俳優名）?
S2：Yes, I like him very much.
T：（S2に向かって）Ask me.
S2：Do you like him?　←生徒に質問させる
T：No, I don't like him.　I like（出演している別の俳優名）better.　Which do you like better, A or B?　Ask your partner. ←生徒同士で質問し合わせる
S1：Which do you like better, A or B?
S2：I like A better.

いかがですか？実際はこのようにスムーズにはいかないかもしれません。でも大切なのは「教師が質問し，指名された生徒が答える」だけのClassroom Interactionから抜け出そうとすることです。
「質問する練習ができる，ほかの生徒の答え方から学ぶ」などClassroom Interactionを豊富にすることの効果はいろいろあります。
　Classroom Interactionを豊かにしませんか！

英語教師もバランス感覚が大事

流行に振り回されないで，長期でバランスをとって

　教える際に大切なことの一つは，「バランスをとる」ことです。「コミュニケーション能力の育成が大切だからコミュニケーション活動をする」「コミュニケーション活動は力がつかないから文法をきちんと教える」など，その時期その時期でちょっとした流行があります。大切なことは流行に振り回されるのではなく，バランスをとって教えることだと思います。「どちらか一つ」ではなく，「両方ともバランスをとって」。この考え方が必要です。ここでのポイントは「1時間の間で両方」ではありません。長期的な視点に立ち，1年間，または3年間を通じてという発想が大切だと思います。

　それではバランスをとる視点をいくつか紹介します。

❶ 長期 ⇔ 短期

　「1時間で勝負」のときもありますが，「この時間ではここまで」「今週終わりにはここまで」「学期が終わるころにはここまで」という長期の発想が大切です。

　例えば言語材料について言えば，1時間で導入して，練習して，発展の活動をして終わりではなく，その後その言語材料を復習する活動，使う機会をまた持つことを考えることが大切になります。

❷ コミュニケーション活動 ⇔ 文法

　これもどちらか一つというものではありません。生徒の様子等によって臨機応変に扱う必要があります。一つ，注意点は「コミュニケーション活動をする中で文法，語彙等にフォーカスすることもできる」ということです。（これについては Tip 44 を参照してください。）

3　Fluency（流暢さ）・量　⇔　Accuracy（正確さ）・質

　Accuracy が高まってきてから Fluency の活動をしがちですが，逆からの視点も大切です。つまり，まず Fluency の活動をして「この点を正確にさせなくては」という点がわかってから，Accuracy の活動に戻るということです。この二つは往復すると思って授業をデザインするといいでしょう。

4　Input　⇔　Output

　学習の初期段階にあたる中学時代は，Input がとても大切です。まず Input をできるだけ多く与えること，そして英語に慣れさせることが大切です。

　しかし同時に Output も大切です。Output することで足りない点に気づき，Input から足りない点を補おうとすることになるからです。これもバランスですね。

5　言語材料を限定した活動　⇔　言語材料を自由に使う活動

　普段は新しく習った言語材料を使った活動をすることで精一杯だと思います。でもときには「既習の言語材料を自由に使う活動」をすることも大切です。

6　全体　⇔　個・ペア

　最後は授業のリズムを作る際のポイントです。私はこれを「全体と個の往復」とよんでいます。個に指名して答えてもらったことを，すぐ全体でリピートする。全体で行ったことを，個々の生徒に言ってもらう。生徒一人と話していたことを，クラス全体にたずねる。全体と個をいつも往復すると授業にリズムが生まれます。

Tip 8

「授業に役立つ」年間計画を

生徒にどうなってほしい？そのためにはどんな活動をする？

　春休みは「来年度はどう教えるか」を考え，年間計画を立てる時期です。私が教師に成り立てのころに立てた年間計画は，どうしても「絵に描いた餅」のようになってしまいがちで，ただ抽象的な目標が並んだものになっていました。

　その後いろいろ改善をしながら，最終的には次のような手順で年間計画を立てるようになりました。

> 手順1．全体目標を立てる（自分が授業を行うにあたって考えていることを書く）
>
> 手順2．生徒にどのように変容してほしいかをスキル別に書く
>
> 手順3．そのためには授業中（外）にどのような活動を行ったらいいのかを書く

　この手順は必ずしも1が終わったら2をやるというものではありません。1をやりながら3を，3を書きながら2を，というように自分自身でブレンストーミングを行うとよいと思います。

　その後，月ごとに授業時数を数え，教科書を開け，「このレッスンは何時間かかる。こんな活動をしよう」と具体的に考えていきます。

　この年間計画は人に見てもらうためのものではなく，自分が1年という長期的視点で授業を作るための計画です。以下はある年に私が中学2年生を教えるときに立てた計画の一部です。

2年生　年間計画

☆**目標**
- (Motivation) 一人一人を大切にする。生徒一人一人と対話を行う。
- Variety is the spice of life.　一人一人が「自分はこれをがんばる」と思えるように，さまざまな活動を行う。
- (Use) 伝達だけでなく，人間関係を作るコミュニケーション能力を育てる。
- (Use) 学期に一つの大きな言語活動を設定する。
- (Exposure) 量への挑戦。多く英語に触れる。
- (Instruction) fluency と accuracy のバランスを保つ。

☆**生徒にこう変容してほしい**

|Speaking|
- 去年に続き，どんなときでも会話を続けるようにする。
- 自分から質問したり，会話を始めたりできるようにする。
- 意見を言えるようにする。
  (Activities) skit / pair work / speech / show & tell

|Listening|
- 音変化に慣れる。
- New Listening (副教材) など，いろいろな listening を行う。
  (Genre) weather forecast / telephone / announcement

|Reading|
- 読みの基本的 strategies を身につける。
- 教科書以外の教材をたくさん読む。
- questions and answers に慣れる。
  (Genre) e-mail, newspaper, advertisement

|Writing|
- オリジナル文，各学期100文以上。
- 読み手を意識した writing の活動をする。
- dictation で基本的な文を書けるようにする。
  (Variety) sentences, diary, letter, poem

|Vocabulary| ・生徒が表現したい語彙を多く与え，使う機会を持つ。

|Grammar| ・fill in / ordering / lexis → sentence

☆**活動**

●授業中　　　　　・small talk / 生徒から始める interaction (S)
（最初の5分）　　・dictation (L,W)

●時々　　　　　　・歌
　　　　　　　　　・skit は教科書の内容に合わせて行う。
　　　　　　　　　・Read authentic materials such as newspapers. (R)
　　　　　　　　　・vocabulary work

●大きな活動　　　1学期 show & tell　2学期 speech contest　3学期 reporting

●授業外　　　　　・家庭学習の方法をいろいろ示す。
　　　　　　　　　・授業以外に英語に触れる機会を多く設ける。
　　　　　　　　　　(listening marathon, NHK基礎英語, reading marathon)

●Quiz　　　　　　vocabulary, grammar

授業の目的とその活動のつながりは？
― Teaching Plan のチェックポイント(2)

この活動は何のために行っている？

　ここでは，Teaching Plan をチェックする際に私がポイントにしていることを三つ紹介します。

1　授業の目的に活動が合っているか？

　授業の目的が「生徒の聞く力をつける」であれば，授業の活動は当然，聞く力をつける活動がなくてはいけません。「生徒に英語を使わせる」ことが目的であれば，生徒が英語を使う活動がなくてはいけません。これは当然のことですが，意外とずれていることがあります。

2　それぞれの活動の目的は何か？

　「この活動はこういう目的で行っている」と言えることが大切です。
　例えば，授業の最初に次のような単語カードを使い，ゲームをしながら単語を覚える活動をするとします。

| difficult |
| more difficult |
| most difficult |

| heavy |
| heavier |
| heaviest |

　この活動を行う目的は何でしょうか？それは「形容詞とその比較級，最上級を覚えさせること」ですね。(「〇〇先生が行っていて，よい活動だと思ったから」というのは活動の目的ではないですよ。)

　さていよいよ最後のチェックポイントです。

3　その活動は何につながっているのか？
　「形容詞とその比較級，最上級を覚えさせる」活動は，それだけでも意味がありますが，さらに何につながっているかを考えることで，その活動は意味を増し，授業はさらに効果的になります。
　例えば，「この後（この授業中，または数時間先の授業で）比較級，最上級を使ったクイズを作る（例：Which is more difficult for you, English or math?）ので，そのためにここでは形容詞とその比較級，最上級を覚えさせる活動を行っている」と考えて活動を計画したほうがさらに効果的です。「その活動は何につながっているのかを考える」は意外と見落としがち。でも大切なポイントです。
　Teaching Plan を立て終わった後のチェック ── してみませんか！

活動の前・中・後ですることは

ただ活動をさせるだけでは力がつきません

　授業中はいろいろな活動を行います。その中でもペアワークは最近よく行われるようになってきました。生徒たちに英語を使う機会を与えることができ，効果的な活動です。しかし，ただ活動をさせるだけで，「はい，後は生徒まかせ」では力がつきません。ここでは活動前・中・後の3段階にわけ，教師が行うことを考えましょう。

　例えば，以下の活動を行うとします。この活動の前・中・後には何をすればいいのでしょうか。

About You

二人一組になり，小学校6年生だったときのことを質問し合いましょう。

question	you	your friend
Were you sometimes late for school?		
Was your teacher strict?		
Were the classes interesting?		
Were you happy?		

COLUMBUS 21　2年 p.10

1　活動前

・活動に必要な文型，語彙の意味を確認する。
　文型：be動詞の過去形　　語彙：sometimes, late, strict など
・モデルを示す。
　まず，Were you sometimes late for school? などの質問文をリピートさせ，練習します。次に，教師と一人の生徒で実際にデモンストレーションを行います。

2　活動中

・生徒の活動の様子をモニターする。
→ほかの生徒のモデルになるような，よい生徒をチェックします。もちろんその場で「こういう点いいねえ」と具体的にほめます。
→よくやっているミスをチェックします。活動をさえぎらない程度であれば，その場で直してあげましょう。
→困っている生徒には表現などを教え，助けるようにします。

・生徒全体にアドバイスをする。
　活動を一旦止め，「感情を込めて言おう」「Yes / No の後に1文付け加え，具体的に言ってみよう」など，先生が生徒にこうしてほしい，こうするといいという具体的なアドバイスをします。また，活動の仕方について生徒が混乱している場合は，説明するとよいでしょう。

・もう一度練習をする。
　一度行わせてみて練習が不十分だと思った場合は，もう一度活動前に行った練習をすることも大切です。

3　活動後

・生徒数名をあて，行ったことを発表してもらう。

　このとき，活動中にモニターしていた生徒を指名することができます。よくできていたペアを指名すると，よい例をクラス全体で共有することができます。また，恥ずかしがり屋でなかなか手を挙げないけれどがんばっている生徒に対しては，活動中モニターしている際に，「君のその文とてもいいよ。後であてるから，みんなに言ってね」と言っておき，指名することもできます。

・よくできていたペアの例（感情を込めて発表している。）

・生徒たちがよく間違っているところを取り上げ，練習をする。

　生徒の活動の様子をモニターしていたときにチェックした，生徒たちがよくやっているミスを取り上げ，クラス全体で練習をします。よい例だけでなく，よく間違っていたところをクラス全体で共有することも大切です。

　いかがでしたか。活動前・中・後は先生の腕の見せ所ですね。

PART 2

Listening Tips

このPARTでは主に —
- Listeningの活動は「何を？どのように？いつ？」行ったらいいのだろう？
- 普段ちょっとしたときにできるListening活動は何だろう？
- Listeningはただ聞かせればいいのだろうか？ 力をつけるためには教師はどんな工夫をしたらいいのだろう？
- 聞くコツをどう教えたらいいのだろう？

— などの疑問に答えます。

Listening ― 何を？ どのように？ いつ？

Listening 活動のポイントと 3 年間の大まかな流れ

　Listening の活動をデザインする際に，ポイントと 3 年間の大まかな流れを考えておくと，自分が今何をしているのか，それは何につながっているのかがわかりやすいと思います。ここでは私が行ってきたことを例に示します。あくまでも一例として参考にしてください。

1 何を？（What?）

> ・教材：教科書　⇔　教科書以外
> 　　　　　　　（ALT の話，Teacher Talk，市販教材）
> ・ジャンル：会話，物語，スピーチ，アナウンスメントなど

　教材にはまず教科書があります。生徒たちに一番身近な教科書は，授業でリスニングの教材として何度も聞かせることが大切です。教科書以外には，市販のリスニング教材が考えられます。短時間で使える教材が出ています。利用するとよいでしょう。
　忘れてはいけないのが，先生が話す英語です。Classroom English だけでなく，次の Tip 12 で挙げているような話題で ALT または日本人の先生が生徒たちに話すことが何よりよい教材になります。
　ジャンルは会話だけでなく，物語，スピーチ，アナウンスメントなどを考えることが大切です。「日常でどんなものを聞くだろう？」と考えるとよいでしょう。

2 どのように？（How?）

- どう聞かせる？：概要・要点をつかむ ⇔ 細かい点・特定の情報をつかむ
- 時間：短く ⇔ じっくり
- 量：少なく ⇔ 多く

　どのように聞かせるかですが，大きく「概要・要点」と「細かい点」に分かれます。まず概要・要点をつかませる指導が大切です。「細かいところがわからなくても，だいたいこういうことを言っている」とつかませることが大切です。そのようにして聞くことに慣れてきたら，今度は細かい点をつかむ聞き取りをするといいでしょう。

　次に時間と量ですが，これは生徒たちの状況に合わせ，だんだん増やしていくのがいいでしょう。量に対する慣れは必要です。簡単な教材で大まかに内容をつかませる Task をすることで量を増やしていくといいでしょう。

3 いつ？（When?）—3年間の大まかな流れ

　上で挙げたポイントを3年間の中に当てはめて，大まかな流れを決めます。リスニングに関しては中1の最初から，教科書だけでなく，教科書以外の教材も使うことができます。

		教科書	教科書以外	
中1	1学期	↓	市販のリスニング教材	
	2学期	↓	↓	
	3学期	↓	↓	
中2	1学期	↓	↓	
	2学期	↓	↓	スピーチ
	3学期	↓	↓	Show & Tell
中3	1学期	↓	↓	
	2学期	↓	↓	スピーチ
	3学期			

＊ときどき，ALT の話

Small Talk で聞く力が伸びる

担任の先生がする雑談を英語で！

　生徒のリスニング能力を伸ばすために教師ができることの一つとして，Rost（1991）は以下のことを挙げています。
　Talk to your students in English. Talk to all of your students —not just the better English speakers. Make English a vital language for communication. Personalize the classroom: get to know your students through talking with them about topics of mutual interest.
　つまり，教師が生徒に英語で話しかけ，いろいろなトピックについて生徒と英語で会話することが，リスニング能力の向上につながるということです。
　担任の先生は学活のとき，生徒たちといろいろ会話をします。同じように，英語の授業でもちょっとした会話を楽しんでみましょう。
　私は今までに主に次のようなトピックを取り上げました。

・他教科の授業のこと（例：体育や家庭科の時間にしたことや，その感想などをきく）
・学校行事
・給食のメニュー
・天気
・世間のニュース
・クラブ活動
・教師自身がしたこと（例：夏休みの旅行の話）

毎時間 Small Talk をしようとすると息切れしてしまいます。「このことなら英語で話せるな」と思ったときに、話すようにしてみてはどうでしょうか。
　また，ALT に話してもらうことも一つの方法です。ALT が日本で生活して感じたことなどを話してもらうといいでしょう。

　私が実際に行っていた Small Talk の例を p.144〜p.147に載せています。参考にしてみてください。

参考文献

Rost, M.（1991）. *Listening in Action*. Prentice Hall.

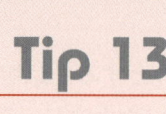

Listening 教材は何度も聞かせましょう

Task で何度も聞かせる工夫を

　Listening 教材は，生徒たちにとって絶好の Input となります。何度も聞かせる機会を作り，Listening Script の英語を生徒たちの頭の中に残したいものです。とはいっても，単に "Listen to the CD again!!" と言うだけでは，何度も聞かせることはなかなかできません。

　そこで，Listening Task の出番です。**Listening Task で同じ英語をいろいろな角度から聞かせる**工夫をすると，生徒たちは，自分たちの**知らない間に**（この「知らない間」という言葉がミソ（=Tips）だと私は思います）同じ英文を何度も聞くことになります。

　さて，それではどのような Listening Task がよいでしょうか。次のページの教材を例に見てみましょう。There is / are 〜.の文がターゲットとなっている Listening 教材です。

1　1st Listening

　1st Listening は，基本的に**大まかな内容をつかむ** Task にするとよいでしょう。この例では，「どの写真についての案内かを選ぶ」という Task です。生徒たちは，聞こえてきた単語を手がかりに選んでいくでしょう。

2　2nd Listening

　2nd Listening では，1st Listening より**詳細な内容を聞き取る** Task を扱います。この例では，「そこには何があるか」を聞く Task になっています。1st Listening とは聞く観点を変えて，同じ英文を聞くことができるのがポイントです。

Listen インターネットの情報

ロサンゼルスの観光名所を紹介するサイトです。写真をクリックすると案内が聞こえてきます。

Welcome to Los Angeles!

A *Universal Studios*

B *Hollywood*

C *Dodger Stadium*

D *Little Tokyo*

1st Listening 1～4はどの写真の案内ですか。
下の表にA～Dの記号を書きましょう。

2nd Listening 「そこには何がある（いる）」と言っていますか。表に書き入れましょう。
日本語でも英語でもかまいません。

	写真	ある（いる）もの
1		
2		
3		
4		

Dictation 英語を聞いて、文を書き取りましょう。

---（スクリプト）---

No. 1
Welcome to Los Angeles! This is the Chinese Theater in Hollywood. Hollywood is the center of the movie world. A lot of tourists come here from all over the world. There are a lot of interesting shops on this street.

No. 2
Welcome to Los Angeles! There are several famous theme parks here. For example, Disneyland, Knott's Berry Farm, and Universal Studios. This is Universal Studios. There are a lot of exciting things here. Did you like Jurassic Park, Back

to the Future, and The Terminator? Then you'll like the attractions here. They're really exciting.

No. 3

There are people from all over the world in Los Angeles. This part of the city is Little Tokyo. A lot of people from Japan live and work in this area. There are a lot of Japanese restaurants in Little Tokyo. You can enjoy different kinds of Japanese food here. How about some sushi?

No. 4

Welcome to Los Angeles! Do you like sports? Baseball is one of the most popular sports in America. There's a Major League baseball team in Los Angeles. It's the Los Angeles Dodgers. This is Dodger Stadium. It's the home ground of the Dodgers. You can see some exciting baseball games here. There are some Japanese players on the team. Will you come and cheer for them?

COLUMBUS 21　2年 p.23

3　3rd Listening

ここでの三つ目の Task は，ターゲットとなっている Structure の Dictation です。1st Listening, 2nd Listening は内容理解のための Task で，Dictation は言語形式にフォーカスした Task ということになります。Dictation では，「あっ，こういう場面で There is / are 〜 の文を使うんだ」と生徒に感じさせることができます。

（スクリプト）
一番最後の文を書き取りましょう。
This is Dodger Stadium. It's the home ground of the Dodgers. You can see some exciting baseball games here. There are some Japanese players on the team.

3種類のListening Taskがあるということは，生徒たちは，同じ英文を最低でも3回，それでも実際には難しいので，実際は3種類×3回＝9回以上は聞くことになります。

　ここでは1st Listeningで大まかな内容を聞き取ってから2nd Listeningで細かい情報を聞き取る例を取り上げました。このほかにも，1st Listeningでは内容についてのあるポイントを聞き取り，2nd Listeningでは別のポイントについて聞き取るTask，1st Listeningでは内容について聞き取り，2nd Listeningでは表現に注目させるTaskなどの例もあります。p.148〜p.161に **Taskを工夫したいろいろなListening教材**を載せましたので，参考にしてみてください。

　なお，聞かせる際に次のようなことを行うと，生徒が聞く際の助けになります。

> ☆ポーズを多少長めに取る
> 　スピードを遅くするより，ポーズを長めに取る方がListeningの助けになると言われています。ポーズの間に聞いたことを頭の中で処理する時間を与えることができます。
>
> ☆ヒントを与える
> 　「大切なポイントは強く読まれるよ。そこに注目してごらん」などのヒントを与えることができます。
>
> ☆注目する部分の前で止める
> 　「さあ，ここからが答えの部分だよ」と言い，生徒たちに準備させます。

　絶好のInputとなるListening教材，何度も聞かせる工夫をしてみませんか。

Tip 14

答え合わせの場面こそ教師の出番

どうして聞けなかったのかを確認することが大切

「CD を聞かせ，答え合わせして終わり」というのでは，生徒にとっては聞けなかった部分はそのままになってしまいます。これでは Listening は Testing になってしまいます。どうして聞けなかったのかを確認することがここでのポイントです。

答えを確認した後もう一度 CD を聞かせる際に，教師は次のような指示を行います。

☆答えの部分が理解できた生徒に対して
・目を閉じて会話を想像する。
・答え以外の部分で聞き取れることをメモする。

☆答えの部分が理解できなかった生徒に対して
・板書してある答えの部分，または配ったスクリプトを見ながら，答えの部分を聞き取る。（答えの部分が聞こえる直前に教師が板書の答えの部分を指さすとよいでしょう。）

この後，答えの部分，聞き取れなかった部分にラインマーカーで色を塗り，その後 CD または先生といっしょに発音させるといいでしょう。特に音変化している部分などは，スクリプトを見たら「なんだ！but I じゃないか！」など気づく部分が多くあります。そういうときこそ，音変化に気をつけさせ，音読する必要があります。

このようにして答え合わせの後に確認する作業をすることによって，「わかった」「聞けるようになった」という気持ちを生徒たちに持たせたいものです。

もう一度聞かせる

答えの部分が聞こえなかった生徒
答えの部分が理解できた生徒

Listen to the CD again.

答えの部分を板書などで示す

Tokyo
→ Yesterday - rainy
　 Today - fair
　 Tomorrow - hot
　　　　　- fair

何だ！そう言っているのか！

ポイントとなる部分をCDと一緒に発音する

But tomorrow it'll be hot.

But tomorrow it'll be hot.

Tip 15

Listening Strategies で聞くコツがわかる

聞くコツを教えましょう！

　リスニングの力をつけるためには，まず聞かせることが大切です。しかし，ただ聞かせるだけではリスニング力はつきません。そこで必要になるのが **Listening Strategies** です。
　Rost & Uruno（1995）は次の12の Listening Strategies を挙げています。

> 1. Don't worry about unclear sounds. はっきり聞こえない音は気にしない。
> 2. Think about the situation. 会話の状況を考える。
> 3. Ask if you don't understand. わからなかったら質問する。
> 4. Pay attention to stressed words. 強く読まれる語句に注目する。
> 5. Guess the speaker's meaning. 話し手の意図を推測する。
> 6. Give a quick response. すぐに反応する。
> 7. Try to understand the speaker's purpose. 話し手の目的を理解しようとする。
> 8. Predict what the speaker will say. 話し手が何を言うかを予測する。
> 9. Remember the meaning. 意味を思い出す。
> 10. Try to understand the speaker's attitude. 話し手の態度を理解しようとする。
> 11. Focus on key words and key facts. キーワードやキーとなる事実に意識を集中する。
> 12. Focus on conversation themes. 会話のテーマに意識を集中する。

これらの Strategies は，具体的には以下のようにして教えることができます。

1　3の Strategy を教える場合
1) 少し難しい教材を聞かせる。
2) 生徒が「わからない」などと言ったら，「わからないときはどうする？」と生徒にたずね，"Once more, please." など役に立つ表現を教える。

2　4の Strategy を教える場合
1) 強く聞こえた語句に注目するように言った後，CD を聞かせる。（強く聞こえた語句は，メモを取らせてもよい）
2) どの語句が強く聞こえたかを生徒に発表させ，板書する。
☆十分でない場合は，再度 CD を聞かせる。
3) 板書された語句から内容を推測させる。
☆強く読まれる語句は大切な語句であることを教える。
4) 再度聞かせて内容を確認させる。

3　8の Strategy を教える場合
1) Listening 教材の最初の部分を聞かせる。
2)「この後，どうなると思う？」とたずねる。各自予測させ，それを Worksheet に記入させる。
3) 予測が合っているかどうか確かめながら，残りの部分を聞くようにさせる。
☆日常生活では，常に先を予測しながら聞くことを教える。

　次は，Listening Strategies を教える際に私が生徒に配布していた Worksheet です。

Listening Strategies を学びましょう！

聞く力をつけるにはコツがあります。次の点に気をつけましょう。

1. 強く話される語句に注目しよう！
   大切なことは強く話される。すべてを聞き取る必要はないよ！

2. 常に予測しながら聞こう！
   自分の予測が合っているかどうか確認しながら聞こう！

3. 相手の言っていることがわからなかったらたずねよう！
   次の表現を使おう！

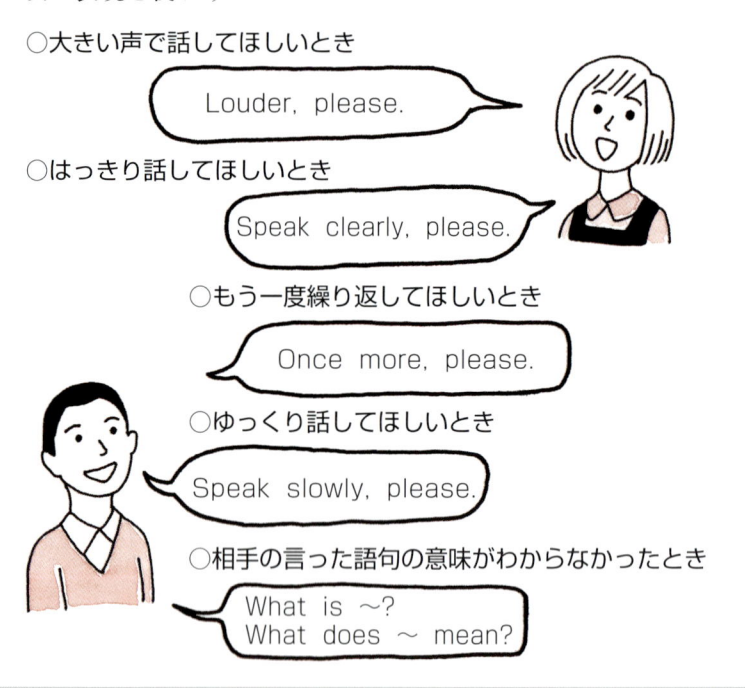

   ○大きい声で話してほしいとき
   　　Louder, please.

   ○はっきり話してほしいとき
   　　Speak clearly, please.

   ○もう一度繰り返してほしいとき
   　　Once more, please.

   ○ゆっくり話してほしいとき
   　　Speak slowly, please.

   ○相手の言った語句の意味がわからなかったとき
   　　What is ～?
   　　What does ～ mean?

参考文献

Rost, M.（1991）*Listening In Action*.　Prentice Hall.

Rost, M. & Uruno, M.（1995）*Strategies In Listening*.　Lingual House.

Helgesen, M. & Brown, S.（1994）*Active Listening*.　Cambridge University Press.

PART 3

Speaking Tips

この PART では主に ─
- Speaking の活動は「何を？どのように？いつ？」行ったらいいのだろう？
- 英語で話す雰囲気を作るにはどうしたらいいのだろう？
- 会話を継続するためのコツは何だろう？
- 「話す内容がない」と言う生徒に「内容」を与えるためにはどうしたらいいのだろう？
- Speaking の評価はどうしたらいいのだろう？

　　─ などの疑問に答えます。

Tip 16

Speaking ― 何を？ どのように？ いつ？

Speaking 活動のポイントと 3 年間の大まかな流れ

　Speaking の活動をデザインする際に，ポイントと 3 年間の大まかな流れを考えておくと，自分が今何をしているのか，それは何につながっているのかがわかりやすいと思います。ここでは私が行ってきたことを例に示します。あくまでも一例として参考にしてください。

1　何を？（What?）

- トピック：自分のこと　⇔　他人のこと，描写，レポートする

　まず話すことは自分のことです。新しい言語材料，既習の言語材料を使って自分のことを話す活動を考えます。その延長で自分たちのこと，友達・家族のことを話題にして話すことも考えます。
　2 年の後半あたりから，自分のこと以外にも，読んだ教科書の内容の描写やレポートを行うなど，話す内容の幅を広げることが大切です。

2　どのように？（How?）

- 準備：その場で　⇔　少し準備時間を与える　⇔　準備をさせる
　　　（Small Talk）　　（Pair Work）　　　　（Speech）
- 形式：一人で（Speech）　⇔　友達，先生と（Pair Work）
- 目的：Interactional　　⇔　　　Transactional
　（Socializing，気軽なおしゃべり）　（目的あり，情報を伝える）
- 時間：短く（30秒，1分）⇔　じっくり（5分，10分）
- 量：1文　⇔　複数文（1文＋α）　⇔　文章

話のさせ方ですが，まず**準備させて話をさせるか，その場で話をさせるか**を考えます。Small Talk は準備させずに，Speech は準備させてから話をさせるなど，活動の内容に合わせて決めるとよいでしょう。

　次に**一人で話すのか，二人以上で話すのか**を考えます。二人以上は手軽な Pair Work から始め，話すのに慣れさせることが大切です。

　話す目的ですが，**気軽なおしゃべり**のような Interactional な活動と**情報を伝える**ための話す活動のバランスを取ることが大切です。

　最後に時間と量ですが，これは生徒たちの実情に合わせて決めます。「最低3文は話そう，できる人は5文，7文と増やしていこう」など，個に応じた課題を出していくことが大切です。

3　いつ？（When?）—3年間の大まかな流れ

　上で挙げたポイントを3年間の中に当てはめて，大まかな流れを決めます。

		新しく習った言語材料を使って	今まで習った言語材料を使って	
中1	1学期	ペアワーク	ALTと1対1 Interview（各学期終わり）	
	2学期	↓	↓	スキット
	3学期	↓	↓	
中2	1学期	↓	↓	5文スピーチ
	2学期	↓	↓	スピーチ
	3学期	↓	↓	Show & Tell
中3	1学期	↓	↓	
	2学期	↓	↓	スピーチ
	3学期	↓	↓	

Tip 17

まずは慣れることが大切

手軽に気軽に声を出させる活動から始めましょう！

　話せるようになるためには，やはり話させることが大切です。当たり前のことですが，やはり慣れることが中学校の段階ではとても大切になると思います。そのために教師がまずやれることは三つあります。

> 1. いろいろな場面で生徒に声を出させる。
> 2. ちょっとした場面で生徒に話しかける，生徒同士で話をさせる。
> 3. 手軽にできる Speaking 活動を行う。

　以下，具体例を挙げます。

1　いろいろな場面で生徒に声を出させる

Thinking Drill
言葉や絵を組み合わせて文を作りましょう。（　）には好きな言葉を入れてください。

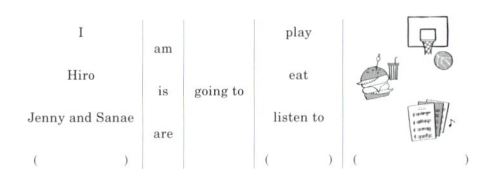

			play	
I	am			
Hiro	is	going to	eat	
Jenny and Sanae	are		listen to	
（　　　）			（　　　）（　　　）	

　このドリルでも書かせるのではなく（書かせる前に），次のようなステップで生徒に声を出させることができます。
1. 生徒が各自，文を作り声に出す。
2. 生徒が二人一組になり，各自声に出した文を言い合う。
3. クラス全体でチェックする。

　こうすることで**ドリルでも話す活動**になります。このようにまずは声を出させているかどうかによって，"OK, let's talk!" と先生が言った際

の生徒の活動の様子が違ってきます。

2　生徒に話しかける，生徒同士で話をさせる

例えば，1のドリルの場面で生徒が次のように話したとします。
S：I'm going to see a movie.

先生はそれを"Good!"と言うこともできますが，**それを話す機会と捉え**，次のように話しかけることができます。

T：Oh, you are going to see a movie.　What movie are you going to see?
S：I'm going to see Spiderman.

先生はそれを受けて，

T：Spiderman!　Who is going to see a movie?　または OK, ask your friend.　Are you going to see a movie this weekend?　Start!

こうすると授業のちょっとした場面もすぐ話す活動に変身します。もちろんドリルの場面でいつもこれをやっては本末転倒ですが。

また，次のような場面でも生徒に話しかけることができます。

> Oh, look outside!
> It's raining.
> Did you bring your umbrella with you?

・授業中，突然雨が降ってきたとき
　T：Oh, look outside!　It's raining.　Did you bring your umbrella with you?
・寒くて(暑くて)窓を閉めて(開けて)ほしいとき
　T：It's cold(hot) here.　Yumi, can you close(open) the windows?
・4時間目でおなかがすいたとき
　T：I'm hungry.　What's for lunch?

3 手軽にできる Speaking 活動を行う

1 minute talk

　この活動は名前の通り，生徒に1分間話させるという活動です。以下にやり方を示します。

①テーマを与えます。

（例：「夏休みにしたこと」「この間の休みにしたこと」「今度の連休にすること」など動きがはっきりしているテーマがよいと思います。）

②生徒はそのテーマについて，話したい内容を簡単な絵にします。

（例：「夏休みにしたこと」なら，その内容を絵にします。）

＊この場合の絵は簡単にします。絵を描く時間は2分以内にします。この2分間で生徒たちは絵を描きながら言うことを心の中でリハーサルすることができます。

③生徒は二人一組になり，絵を見せながら，テーマについて1分間話をします。

＊聞いている生徒はただ黙っているのではなく，Uh huh. Oh, really? などと反応しながら聞くようにします。

```
"1 minute talk"
夏休みにしたこと

Hi, I went to Shinjyuku on August 30. No, August 31. I went to a CD shop and bought a CD.
Amuro's CD.
Then I ate ramen.
Miso ramen.
Delicious. Very delicious.

Oh, really?
```

（会話は生徒原文のまま）

④1分後，もう一人の生徒が絵を見せながら，テーマについて話をします。

＊この後，話した文をノートに書かせてもよいでしょう。

先生とSmall Talk「～先生へ質問」
方法は以下の通りです。
＊準備段階
　あらかじめ順番になっている二人（または三人）の生徒が先生への質問を考えてくる。
＊授業当日
①順番の生徒は先生に質問をする。
②先生は質問に答え，その同じ（または関連した）質問を生徒に返す。生徒はできるだけ会話を続けるようにする。
③その後はその場の流れで，同じ生徒やほかの生徒に話す。

Mr. Ota, do you like movies?	Yes, I like movies. Do you like movies?	S2, do you like movies?
	Yes!! I like Spider-man.	Yes, I do. My favorite actor is Johnny Depp!

　毎回の当番の生徒は二人（または三人）で，だいたい5分ぐらいで終わります。
　この活動は，生徒が話題を持ち出すので，生徒たちが興味をもって聞いたり，話したりしてSmall Talkに参加することができます。また，生徒が今何に興味を持っているのかを知ることもできます。

Tip 18

Yes, No の後に1文付け足して

コツは具体的に言うこと

"Do you like music?" "Yes, I do." 教室でよくある場面です。でもこれで会話が終わってしまっては，あまりに味気ないと思いませんか？このとき "Yes, I do." だけで会話を終わらせるのではなく，さらに文を付け足すように促してはどうでしょうか？いきなり「文を付け足そう」と言っても生徒はどうしてよいかわかりません。私は次のような方法をとっています。

① 文の付け足し方をクラス全体で考える。

私は1年の Do you 〜? の文型が出てきた段階で，「Do you like music? の質問に Yes, I do. だけじゃ会話は終わってしまうよね。会話を続けるためにどう文を付け足していったらいい？」と聞きます。そうすると生徒たちは「I like rock. って言えるよね」「I like music very much. とも言えるな」などといろいろ発言してきます。このようにどのようにすれば文が付け足せるかをみんなで考えた後，何人かの生徒とQAをしてみます。（その際，その生徒がうまく文を付け足せなかったときは，"Help her / him." と言い，またクラス全体で考えていきます。）

② 教科書の例を参考にする。

意外と見落とされているのが教科書の文章。COLUMBUS 21は自然な会話を提示していますので，どのように文を足していくのかの例が豊富に載っています。

Sarah: Do you like movies, Hiro?

Hiro: Yes, I do. I like anime.

Sarah: Oh, me, too.

Hiro: Do you know "Sen to Chihiro"?

Sarah: No, I don't. What is it?

Jenny: It's the Japanese name for "Spirited Away."

Sarah: Oh, is that right?

Hiro: That's my favorite. I have the DVD.

Sarah: Great!

COLUMBUS 21　1年 p.37

この例では，
・I like anime.と具体的なことを付け加えている。
・Do you know "Sen to Chihiro"? とさらに聞き返している。
・What is it? とさらに聞き返している。
・I have the DVD. と具体的なことを付け加えている。

Tip 19

私のおすすめ Speech Bubbles

生徒にできるだけ英語を使わせる方法の第一歩

「へぇ〜知らなかった！」「それからどうしたの？」一見うまくいっているように見えた Pair Work のとき，生徒はこのような日本語をけっこう話しています。「英語の時間は，できるだけ英語で行いたい」「英語の時間は，できるだけ英語を話させたい」そう思う先生方が多いでしょうが，現実は，生徒は日本語をかなり使ってしまいます。

「日本語を使うのをゼロにできないまでも，せめて Pair Work の間は日本語をゼロにできないだろうか？」そう考えた私は，あるとき，Pair Work の間につい使ってしまう日本語はどんなものか生徒にアンケートをとってみました。アンケートの結果は次の通りです。

● 【生徒が使いたい表現】（生徒のアンケートから）

生徒同士の会話のときに必要な表現

- ・へえー
- ・すごい！
- ・もう一度言って
- ・あ，そう
- ・あっ，あとね
- ・ちょっと待って
- ・最低!!
- ・おもしろいね
- ・へえ〜そうなの（Really? ではなく）
- ・さあ，始めよう
- ・そうなの!!
- ・いやあ〜
- ・すごい，やるじゃん
- ・それはちょっと
- ・知らなかった
- ・取り消し
- ・ちょ〜気になる
- ・それから？

> 先生に質問するときに必要な表現
> ・これはどのように読むのですか？
> ・どこにアクセントすればいいの？
> ・何て言ったんですか？
> ・こういう場合，どうやって書けばいいの？
> ・ちょっと来てください。

　「生徒はこんなことを言いたかったのか！」「この表現を英語で言うことができれば，生徒たちは Pair Work で英語をより多く使うようになるかもしれない」そう思い，アンケートに出てきた言葉を ALT と協力して英語に直し，Speech Bubbles の形にして与えることにしました。（p.54は生徒に配ったワークシートです。）

　すると，Pair Work のとき，相手の言ったことに対し，**Speech Bubbles の表現を使い話をする**生徒が増え，日本語を使うことが減ってきました。さらに，自分の言いたい表現を使っているので，Pair Work をしている**生徒たちの表情はとても生き生き**したものになりました。

　英語を使って話をしようとする態度をつけさせる第一歩には，この Speech Bubbles はおすすめです。

> 英語係の生徒：「先生，明日の持ち物何ですか？」
> 私　　　　　："Textbook, notebook, file..."
> 英語係の生徒："And then?"「やった！使った！私，この場面で使えると思ったんだ！」

　この生徒が And then? を使ったとき，私はとてもびっくりしました。同時に「やったな！」と心の中でつぶやきました。
　Speech Bubbles を与えるようになって，生徒たちが最も変わったのは，英語を学校生活のいろいろな場面で使うようになってきたことです。**英語を使う楽しさを感じさせる**こと，これが「生徒にできるだけ英語を使わせる方法」の第一歩ではないでしょうか。

■ 生徒同士の会話のときに必要な表現

- Excuse me?
- Oh, yeah?
- I didn't know that.
- Great!
- Why?
- Well…
- Wow!
- And then?
- Oh, do you?
- Uh, huh.
- Go on.
- Pardon?
- Tell me more.
- Really?
- Let me see.
- Thank you.

■ 先生に質問するときに必要な表現

- Mr. Ota?
- What does it mean?
- How do you spell ～?
- How do you say ～ in English?
- Please say it again.

p.54のワークシートを作った後，「こんなことを英語で言いたい」という生徒の気持ちに応えて，いろいろな Speech Bubbles を作りました。
　例えば毎時間繰り返される "How are you? —Fine, thank you." というあいさつも，「いつも fine じゃないよ」「もっと違う答え方をしたい」というのが生徒の気持ちです。そこで作ったのが，下の「How are you? に答えるときに使う Speech Bubbles」。ほかにも "It was fun." や "I was upset." のような「感想をいうときの Speech Bubbles」，"Yeah, I won!" などの「ゲームのときに使える Speech Bubbles」を作りました。
　役に立つ表現をただ教えるのではなく Speech Bubbles の形にして与えることで「楽しい雰囲気」を作り出すことができます。また Speech Bubbles の文は短い決まり文句ですから，発音しやすく，使いやすいという特長があります。できるだけ英語を使わせる第一歩として Speech Bubbles—使ってみませんか！

■How are you?に答えるときに使うSpeech Bubbles

- How are you?
- Fine, thank you.
- Pretty good.
- I'm hungry.
- I'm sleepy.
- I'm tired.
- I'm hot.
- So so.
- I'm OK.
- Not bad.

Tip 20

あなたの知らないことが出てきたらチャンス

Tell me... は大切な言葉

　Tip 6「Classroom Interaction を豊かに」では生徒からも質問する機会を作るアイディアを示しました。ここではさらにもう一歩進めて，**先生が知らない立場に立つ場面を作り，生徒にイニシアティブを取らせる**ことを考えます。もう10年ぐらい前の教室での，私とある生徒との会話です。
　S：I love Glay.
　T：Grey? Glay? Is this a group? Tell me about Glay.
　S：（えー知らないの！と驚いた表情で）Glay is a group, rock group. The vocalist is Teru. Teru is very, very cool. ちょーかっこいい。

生徒たちは私が知らないということをとても喜びました。そしてGlayを好きな生徒たちが，自分たちの知っている英語を使って，Glayの説明を始めました。

　このとき私は思いました。先生が知らない立場に立つと，生徒に話すきっかけを与えることになります。普段先生は"knower"（答えを知っている立場）ですが，ここでは"asker"（答えを知らないのでたずねる立場）です。この立場の変化がcommunicationの必要性を生みます。**先生が知らなければ生徒は何とかそのことを話そうとします。そこがねらいです。**

　それ以来，私は授業のSmall Talkなどで，生徒の話す量を少しでも増やすために**"Tell me 〜."と教えてもらう場面を作る**ようにしています。

　Small Talk以外には，具体的には次のような活動で"Tell me 〜."と教えてもらう場面が作れます。

１．「〜先生へ質問」 Tip 17 参照
　生徒が質問をするのですから，当然生徒の好きな話題になり，先生が知らないことが取り上げられる場面が予想されます。

２．生徒のスピーチの後
　生徒がスピーチをした後，先生が自分の知らないことについてたずねます。

　ときには先生が知らない立場に立ち，"Tell me 〜."とたずねてみませんか？

Tip 21

発話しやすくなるためのコツはPRR

コツは P(＝Planning)R(＝Repetition)R(＝Reflection)

　ここでは生徒に話させるためのちょっとした工夫を書きたいと思います。ポイントは次の三つです。

> 1．Planning
>   話す前に話す内容を考えたり，リハーサルしたりする。
> 2．Repetition
>   同じ内容を，相手をかえて繰り返し話す。
> 3．Reflection
>   話した内容を振り返る。

　ここでは，「好きな音楽について友達と話す」という活動を例に取り上げてみます。

1　Step 1　Planning

　「どんなジャンルの音楽が好きか？」「どんな歌手やグループが好きか？」「好きな曲は何か？」「好きな歌手やグループについての感想や考え」について，自分なら何を話すかを生徒一人一人が考える時間を与えます。与える時間は1～3分ぐらいがよいと思います。

　このとき，話す内容を書かせないことが大切です。書かせると，話す際に書いたものをどうしても見てしまい，結局書いたことを読んでしまうことになるからです。

　どんな文や語彙を使って話したらよいかを英文のモデルを参考にさせたり，先生がモデル文を示したりして考えさせるとよいでしょう。

2　Step 2　Repetition (Task Repetition)

　同じ Task を繰り返すことで，同じ英語を何度も使うことになります。この繰り返しが英語を上達させるには大切です。しかし，ただ「5回繰り返しましょう」と言っても生徒たちは繰り返しません。そこで **Task をする相手をかえる**ことで繰り返す場面を作ります。

●**方法その1**　Rotational Pair Work（ローテーション）
　下の絵のようにパートナーを次から次へとかえて，Planning で考えたことを生かして話します。先生の指示は "OK. Rotate. Clockwise. One seat." と簡単です。

ローテーション

●**方法その2**　Pair Work（隣同士・斜め前・後ろ同士）
　席を移動しなくても相手をかえることができます。隣に座っている生徒と二人一組でペアを組みます。そして Planning で考えたことを生かして話します。
　そのまま席を動かさず，斜め前，後ろに座っている生徒と二人一組でペアを作り，同じように話します。

隣同士　　　　　　　　　斜め前・後ろ同士

3 Step 3 Reflection

　話し終わった後は次のページのような Worksheet を使い，生徒に話したことを振り返らせることが大切です。自分の話したことを振り返ることで，また繰り返すことができます。さらに「あっ，こう言えばよかったな」「このときどう言ったらいいのかな」など，話した内容を振り返ることもできます。

　私は Step 2 で最後に話した生徒を二人一組にして，**話したことを Worksheet に書き込む**ことで振り返ってもらっています。これは次に同じような活動をする際に，こう言えばよかったと思った文，語句を使うことに役立ちます。

　Planning, Repetition, Reflection は，どれもちょっとしたことです。しかし，これにより生徒たちは少しずつですが，話す量が増えてきます。

　Planning, Repetition（Task Repetition）に関して興味を持たれた方は次の本を読むことをおすすめします。

・Jane Willis & Dave Willis（Eds.）（1996）*Challenge and Change in Language Teaching*（Heinemann）
・Martin Bygate, Peter Skehan and Merrill Swain（Eds.）（2001）*Researching Pedagogic Tasks：Second Language Learning, Teaching and Testing*（Longman / Peason Education）
・『"英語で会話"を楽しむ中学生―会話の継続を実現する KCG メソッド』
　　太田洋・柳井智彦（2003），明治図書

友達との会話を振り返って（Worksheet）

Writing

　話したことを思い出し，会話を再現してみよう。（もちろん覚えている範囲でいいよ。）その際，こういうことを言えばよかった，言いたかったということがあったら，赤のペンを使って英語で書いておこう。

例．　Hiroshi：Do you like rock, Rieko?
　　　Rieko：No, I don't.　I like Japanese pops.
　　　Hiroshi：Really?　Who's your favorite singer?

Question

　「こんなことを英語で言いたかった」という語句，文，文章を日本語で書いてみよう。

Date　（　　　　　　　）
Class　（　　　）No.（　　　）
Name　（　　　　　　　　　　　）

Tip 22

OutputのためのInputが大切！

Outputさせる前に，ちょっとInput！

　Outputさせる際に大切なこと，それはOutputに必要なInputを与えることです。一見おかしいようですが，考えてみれば当たり前のことかもしれません。そこで「今度はスピーチをするよ。準備は家でしてきなさい」と言う前に授業中にちょっと時間を割き，次のようなInput活動をしたらどうでしょうか。

● **Skit, Speech, Show & Tellなどの発表の前に**

＊例えば2年でShow & Tellで自己紹介する場合，2年の教科書だけでなく，1年の教科書も持ってくるように指示をしておく。

Step 1. (Individual Work)「自己紹介する際の表現（紹介する際に役立つ表現）を教科書の今まで習ったところ（中学2年生，1年生の教科書）から選んでラインマーカーでハイライトしよう」と指示し，さっと読ませる。先生はこの間，生徒の様子を観察しながら，適宜アドバイスをする。(ハイライトする箇所は本文以外の場所 ― Communication Taskなど―でもよいことにします。)

Step 2. 生徒を二人一組にして，お互いに線を引いたところを教え合う。またその後，さらに二人一組で教科書のその他の部分を読み，線を引き合う。(この後，時間があればさらに四人一組にさせてもよいでしょう。)

Step 3. クラス全体で各自が引いた部分（文）を発表し合う。(各自が言った後，クラス全体で音読させてもよいでしょう。)

　この活動は何分でも時間の調整は可能ですが，Step 1, 2で10分，3で5分，全部で15分ぐらいで行えると思います。ポイントはすでに意味を理解している教科書の内容をもう一度読み直し，必要な表現を探すことです。この Input がよい復習になり，そして Output への準備になります。

Optional Activity
　ALT または日本人の先生のモデルを聞かせ，「自己紹介する際の表現（紹介する際に役立つ表現）」を書き取らせることもできます。(ALT の先生が来たときにあらかじめ録音しておくのもよいかもしれません。)

Tip 23

Speakingの評価はインタビューテストで

1対1でALTと話す経験が大切！

　Speakingの評価はどうしていますか？中間・期末テストでSpeakingの力を測るのはやはり無理があります。そこでインタビューテストの出番です。話す力を測ることができ，さらに話すことの楽しさを感じさせることができるおすすめのテスト（活動）です。

☆準備段階
　インタビューのWorksheet 1（内容・評価項目）を事前に渡す。
☆インタビュー当日
①生徒は教室で待つ。（生徒はwritingなどの課題に取り組む。）
②一人の生徒がALTの待っている場所に行く。
③ALTとのインタビューを，(1)あいさつ，(2)生徒からの質問，(3)ALTからの質問，(4)あいさつ，の順で行う。（＊(3)の場面では質問に答えるだけでなく，語句，文を付け足して会話を続けるように促す。）
④生徒は自分の席に戻り，Worksheet 2に自己評価，インタビューの内容，コメントを各欄に記入する。

(2)生徒からの質問場面

Do you like tennis?

No, I don't.
I like baseball.

(3)ALTからの質問場面

How about you?
Do you like baseball?

Yes, I do.
I play it every day.

インタビューの課題や評価ポイントはそれぞれ生徒たちの実態に合わせて決めていくといいでしょう。

Worksheet 1

Interview with Ms. Smith
〜Ms. Smith と会話を楽しもう〜
　ALT との１対１インタビューです。英語は使うためにあるもの。今まで学習してきたことをすべて使い，ALT との会話を楽しみましょう。インタビューは次のように行われます。

Step 1
インタビュールームに入り，ALT にあいさつをする。
Hi. / Hello. / Good morning, Ms. Smith.　How are you?
Step 2
ALT に質問する。(質問は２〜３個考えておこう。)
Are you 〜? / Do you 〜?
Step 3
ALT からの質問に答える。(Yes / No で答えた後に文をプラスし，会話を続けるようにしよう。)
Step 4
時間がきたら（一人１分30秒ぐらい）あいさつをする。
Goodbye.
困ったときに役に立つフレーズ！
● もう１回繰り返してほしいとき。
　Once more, please. / Pardon?
● 質問の意味がわからないとき。
　What is 〜? / I don't understand.

Worksheet 2

Interview with Ms. Smith
～ALT とのインタビューを振り返って～

インタビューを楽しみましたか？　自分で評価してみましょう。
4　大変よくできた---Excellent.
3　よくできた---Good.
2　まずまず---So so.
1　努力しなくては---Needs work.

・文法や語句は正確だったか？　（　　　）
・英語らしくはっきりと正確に発音したか？　（　　　）
・コミュニケーションしようとする態度はどうだったか？（　　　）
(eye contact，自分の言いたいことを伝えようとする姿勢，会話を続けようとする姿勢，反応の自然さ)

インタビューしてみての感想を書きましょう。
1．良かった点（自分で自分をほめてあげたい点）

2．直したい点

3．こんなことが英語で言いたかった。

PART 4

Reading Tips

このPARTでは主に ─
- Readingの活動は「何を？どのように？いつ？」行ったらいいのだろう？
- 音読はどう行えばいいのだろう？
- 内容理解の質問はどう工夫したらいいのだろう？
- Readingの教材を自分で作るにはどうしたらいいのだろう？
- 生徒にもっとたくさん英文を読ませたいと思ったときはどうすればいいのだろう？

　　── などの疑問に答えます。

Tip 24

Reading — 何を？ どのように？ いつ？

Reading 活動のポイントと 3 年間の大まかな流れ

　Reading の活動をデザインする際に，**ポイントと 3 年間の大まかな流れ**を考えておくと，自分が今何をしているのか，それは何につながっているのかがわかりやすいと思います。ここでは私が行ってきたことを例に示します。あくまでも一例として参考にしてください。

1 何を？ （What?）

- 教材：教科書　⇔　教科書以外（教師や ALT が書くもの，生徒や先輩の作品，市販教材，旧版の教科書）

　まずは教科書を読ませます。ときどき，既に学習した Lesson （例えば，現在 2 年の Lesson 5を教えている場合，1 年の教科書や 2 年の Lesson 1）を短い時間でさっと読ませることもできます。教科書以外では，生徒が書いたもの（日記，スピーチなど）に教師が手を加え，使うことができます。 Tip 27 参照 また旧版の教科書もよい Reading の教材になります。 Tip 28, 29 参照

2 どのように？ （How?）

- どう読む？：概要・要点をつかむ　⇔　細かい点をつかむ
- 目的：内容理解　⇔　アウトプットのために読む
　　　　　　　　　　（読んでスピーチ，スキット，日記を書く）
- 時間：短く（速読）⇔じっくり
- 量：1 文単位→ 3 〜 5 文単位→70〜80 words →多読

どう読ませるかですが，まずは概要・要点をつかませる指導が大切です。わからない語を気にして読めなくなるのではなく，わかるところから全体を推測する習慣をつけます。

　目的については，2年生ごろからアウトプットのために読ませます。スピーチや日記を書くために読むという活動が大切になります。

　時間ですが，多く読むことが必要になる3年生ごろから速読をさせることが大切です。それに合わせて，量をだんだん増やします。

3　いつ？（When?）― 3年間の大まかな流れ

　上で挙げたポイントを3年間の中に当てはめて，大まかな流れを決めます。

		教科書		教科書以外	
中1	1学期	↓		多読（旧版の教科書を使って，範囲を指定）学期の終わり1時間	
	2学期	↓		↓	
	3学期	↓		↓	
中2	1学期	↓			
	2学期	↓	ALTの要約	多読（中1，2の教科書を使って）	先輩のスピーチ・友達の日記
	3学期	↓	↓	↓	
中3	1学期	↓	↓	↓	
	2学期	↓	↓	↓	スピーチ
	3学期				

＊ときどき，ALTが書いたもの

　読むことに慣れてきた中2の2学期ごろから教科書の本文の内容を要約したものを ALT に書いてもらい，読ませることもします。

　また同じ中2の2学期ごろから，教科書以外のものも読ませます。旧版の教科書は各学期の終わりに1時間使い，読める範囲を読ませることができます。 Tip 28 参照

　多読は中2の後半から1・2年の旧版，他社の教科書，中3の前半から Graded Reader を使って行います。 Tip 29 参照

Tip 25

音読のやり方を工夫しましょう

英語を頭の中に残すため,何度も音読させる工夫をしましょう

　音読は大切な活動です。英語の音・リズム・アクセント・区切り・連結などを身につける目的があります。そして何より**理解した英語を頭の中に残し,データベースとして使えるようにする**という大切な目的があります。まず音読の目的を生徒に理解させることが大切だと思います。

　しかし,生徒たちは学年があがるにつれ声が小さくなっていってしまいます。音読を3年間行っていくにはいろいろな工夫が必要になってきます。そこで,音読の方法をいくつか紹介します。

1 Backward Chaining Technique

　文が少し長いときに有効なテクニックです。文を頭から読んでいくのではなく,後ろから少しずつ読んでいく方法です。

例.Who's that woman over there? を音読させる場合
　①T:over there?　　　　⑤T:that woman over there?
　②S:over there?　　　　⑥S:that woman over there?
　③T:woman over there?　⑦T:Who's that woman over there?
　④S:woman over there?　⑧S:Who's that woman over there?

2 Shadowing

　文字を見ないで,先に読んだ人に少し遅れて読んでいく方法です。

例.T:Hi!　　I'm　　Yamada...
　　S:　　Hi!　　I'm　　Yamada...

3 Read and Look Up

文を見て，言えるようになった後，**教科書から目をはなして読む方法**です。ペアで行う際，聞く側はきちんと言えているかを確認します。

4 ペアでリピーティング

一人が教科書を見て，本文を一文ずつ読みます。もう一人は教科書を見ないで，相手が言った英文をリピートします。

5 T-S Drill

一人が生徒役，もう一人が先生役になります。生徒役は音読し，先生役は教えたり，"Good!" "Louder, please." などの評価をします。

＊このとき，先生は机間指導をして生徒が読みにくいところを教えたりするといいでしょう。

6 日本語訳を使った音読

一人が日本語訳を言い，もう一人がその日本語訳にあたる英語を言います。教科書の本文を順番通り言うのでなく，ばらばらに日本語訳を言うと，さらに効果があります。

7 感情を込めた音読

どんな感情（bored, tired, excited, happy, sad など）を込めて読むかを決めさせてから音読させます。どんな感情にするかを選ばせたり，こちらから指定してもいいでしょう。**ジェスチャー**をつけさせたり，**聞き手を見ながら読ませたり**するとさらに効果があります。

Tip 26

Referential Question をしてみませんか

たまには先生が答えを知らない質問を

　教科書本文の内容理解の場面で教師が生徒にする質問は大きく次の二つに分けられます。
Display Question（教師があらかじめ答えを知っている質問）
Referential Question (Real Question)（教師が答えを知らない質問）
　教師は教科書本文の内容を確かめるために Display Question をすることが多くなります。事実を確認することはもちろん大切です。しかし，それだけでは物足りません。さらに読みを深めたり，内容について考えさせたり，内容と生徒をつなげたりするために Referential Question をしてはどうでしょうか？
　Referential Question は次のようにして作ることができます。

☆教科書本文のトピックに関する質問をする。
　例えばスポーツがトピックならば，"What sports do you like?" などの質問ができます。

☆「あなたはどう？」「あなただったらどうする？」と質問する。
　教科書の登場人物の行動，考え方と生徒自身を比較させる質問ができます。例えば，登場人物が友達にプレゼントを渡す場面があるときは，こんな質問ができます。

S What do you think?
  1. Is getting presents for your friends easy for you?
  2. What do you think of Jenny's present for Hiro?

COLUMBUS 21　3年 p.54

☆教科書本文に載っている質問文を使って，生徒に質問する。
　例．How was your test?（2年Unit7）

☆行間を読ませる質問をする。
　登場人物の言葉などを取り上げ，「ここでこう言ったのはどうしてかな？」などの質問ができます。

☆教科書本文の登場人物や内容全体を評価させる質問をする。
　Do you like（登場人物）？ Why? Why not? What do you think about（題材）?などと質問ができます。またI like this story because ... I don't like this story because ... と書かせることもできます。

Tip 27

ALT や生徒が書いたものを Reading 教材に

たくさん読ませるための工夫は身近なところから

　読む力をつけるにはいろいろ方法があります。たくさん読む機会を与えることもその一つです。教科書だけでは読む量は十分とはいえません。そこで生徒と ALT の登場です。生徒，ALT が書いたものを Reading 教材として使ってみましょう。

1　生徒の作品

　生徒が授業中，授業外で書いたものを次の要領で読み物教材として使うことができます。
　①全体で読むのに適切と思われるものを選ぶ。
　②ALT にチェックしてもらう。
　③Reading Task をつけ，教材完成。
　教材とその Reading Task として，次のものが考えられます。

> ＊教材─自己紹介，自分の町にあるもの，日記，学校行事（遠足，運動会），将来の夢。
> ＊Reading Task ─QA, TF, 意味に関する Task（「だれの自己紹介でしょう？」「自分もそう思う点にアンダーラインをひきましょう」「自分もしたことにアンダーラインをひきましょう」），表現に関する Task（「自分も使ってみたいと思う表現にアンダーラインをひきましょう」「感想を述べている表現にアンダーラインをひきましょう」）

　右ページは生徒が課題として書いている日記を Reading 教材にしたものです。

Read Your Friend's Diary　　　　　Friday, May 21, 2004
友達の日記を読み，自分の日記に生かしましょう。

> Yesterday I enjoyed shopping with my family. I bought a new T-shirt. I was very happy. I had a good time, but school began today. Oh, no!
>
> Today I had eight classes. I hate having eight classes, because they are very long, and when school is over, I am very tired.
>
> I got up at seven thirty. I washed my face. I brushed my teeth. I changed my clothes. I ate breakfast and I left my house. I got on the bus.
>
> I arrived at school at eight fifteen. The class was going to begin at eight thirty-five. I talked about The Lord of the Rings with my friends. It was a great movie.
>
> After school, I went to Tsutaya, and rented a Judy and Mary CD. I like them very much. They have a good guitarist. Their vocalist is Yuki. She is my favorite singer. I'm going to sing their songs at karaoke next Sunday. （156 words）

Task 1. 次の質問に答えましょう。
1. Why was this student happy yesterday?
2. Why did this student write "Oh, no!"?
3. What is this student going to do next Sunday?

Task 2. 次の日本語にあたる英語を日記から書き出しましょう。
1. 今日は8時間だった。
2. 学校が終わるとき，〜
3. 放課後

Task 3. 自分の日記に生かせそうな文，語（語句）にアンダーラインをひきましょう。

2　ALT に書いてもらった教材

　ALT には教科書の題材に関連したもの，異文化理解につながるものなどを書いてもらうことができます。また，書いてもらったものは，Listening 教材としても使えます。
　教材としては次のようなものが考えられます。

> ＊教科書の内容に関連しているもの
> 　─教科書の要約
> 　─教科書の会話文⇒叙述文，叙述文⇒会話文の書き換え
> 　─教科書のトピックに関する ALT 自身の話
> ＊ALT 自身に関すること
> 　─自己紹介，自分の町
> 　─自分の中学校時代（典型的な一日，授業，学校行事）

　書いてもらう際に一つ注意点があります。それは既習事項をできるだけ使うようにお願いするということです。教科書後ろの文型のまとめや，最近教えたばかりのレッスンのコピーを渡し，「これをできるだけ使って書いてください」とお願いするといいでしょう。
　次の教材はバレンタインのことについて書いてもらったものです。参考にしてください。（なおこれは Reading Task をたくさん載せています。簡単に使う場合は，「読んで While-reading の表を埋めましょう」という Task だけでもいいでしょう。）

> Read!　Read!　Read!　St. Valentine's Day
>
> **P**re-reading
> １．Words!　Words!　Words!
> 　St. Valentine's Day から連想する言葉を書きましょう。
> ２．What do Japanese people do on St. Valentine's Day?
> 　Boys---
> 　Girls---
> ３．Guess!　What do American people do on St. Valentine's Day?

Let's read!

American St. Valentine's Day

In America, St. Valentine's Day is a fun day. It's on February 14th every year. In America, February is the coldest month, but on Valentine's Day, people have warm hearts. They think that spring is coming soon.

Before Valentine's Day, junior high school students buy or make Valentine's cards.

The cards usually have a red heart on them. Students give cards to their favorite friends, teachers, their parents, their grandparents (grandfather, grandmother), and to their boyfriend / girlfriend.

A boy usually gives a special girl a special chocolate. Popular girls get a lot of chocolate and become very fat.

Girls give special cards to their boyfriends. Popular boys get many cards.

Me? When I was a junior high school student, I got only a few cards.

In America, St. Valentine's Day is a special day. How about Japan? What do you do on St. Valentine's Day?

While-reading ~Fill in blanks!

What do boys do for girls on St. Valentine's Day? How about girls?

	In Japan	In America
boys → girls		
girls → boys		

Post-reading

What do you think about American St. Valentine's Day?

Tip 28

多読のすすめ(1)

Extensive Reading をしませんか

　語学の習得に必要な条件の一つに「量」があります。「いかに生徒たちに多く英語に触れさせることができるか」(つまり量を与えるか)——これは私たち英語教師にとっての課題の一つです。

　量を増やす方法の一つとして **Extensive Reading** が考えられます。Extensive Reading のやり方はいろいろあると思いますが，**旧版の教科書**を使ってみてはいかがでしょうか。現行版で学習した文型が，旧版の教科書でもだいたい同じ時期に扱われていて，生徒に負担を与えずに読ませることができます。

1　学期の終わりの1時間

　期末テストも終わったところで，「これ以上教科書を進めるよりほかのことをしたい」と思ったときに次の Extensive Reading はどうでしょうか。

Let's Read ! 昔のCOLUMBUSを読もう！

COLUMBUSはUnit 5まで読みました。今日は同じ範囲の昔のCOLUMBUSを読んでみましょう。今回は全体としてどんなことが書いてあるか(Who-だれが、When-いつ、Where-どこで、What-何を、どうした)を読みとりましょう。

読み方

① 昔のCOLUMBUSのP.24までで読むことを目標にしよう。
　(*わからない単語は教科書巻末の Word List を見て意味を確認しよう。)

② 各Unitが読み終わったら、表にその Unitの話の内容を簡単に書こう。(英語で書いてもいいですよ。)

Report Card

全体としてどんなことが書いてあるか(Who-だれが、When-いつ、Where-どこで、What-何を、どうした)を内容欄に書きましょう。(*1マスで書けない場合は、2マス以上使って書こう。)

Unit名	内　容
Unit 1	
Unit 2	
Unit 3	
Unit 4	

☆昔のCOLUMBUSを読んでの感想を書きましょう。

［やり方］
①旧版の教科書を配る。
②Worksheet を配り，読み方を説明する。
③各自が読む。（読みながら Worksheet に要点を書かせます。）
④授業の終わりに，読んだ感想を Worksheet に書いてもらう。その後回収する。

　これだけです。あとはそれぞれの教室に合わせ次のような支援をしたらいいと思います。
―途中で生徒が読んでいてわからない点は先生に聞きに来るようにする。
―途中（例えば5分おき）にペアで内容を確認する。その際わからない点を教え合う。

2　新しい学年になった4月

①例えば2年生なら旧版の1年生を配る。（3年生なら旧版の1年生か2年生の教科書を配ります。どちらかは生徒にまかせるといいと思います。）
②Worksheet を配り，読み方を説明する。（Step が3段階あり，Step 1 は全員，Step 2, 3 は発展コースとしてもいいと思います。）
③からは「①学期の終わりの1時間」とやり方はいっしょです。これは1年前または2年前の教科書を読むことで，「読めるじゃない」と生徒に思ってもらい，たくさん読んでもらうことにねらいがあります。

Let's Read COLUMBUS 1

さて今日はちょっとおもしろい試みをしましょう。みなさんが読んでいる昔のCOLUMBUSを読んでみましょう。下のstepに従って内容を読み取ってみましょう。これは1年生のとてもいい復習にもなります。Let's read!

Step 1

全体としてどんなことが書いてあるか（Who-だれが、When-いつ、Where-どこで、What-何を、どうした）を内容欄に書きましょう。

Unit名	内　容
Unit 1	
Unit 2	
Unit 3	
Unit 4	

Step 2

教科書をもう一度読もう!
次の各ページのReading Taskに答えましょう。
Unit 1 P.14 B　　Unit 3. P.25 D
Unit 2 P.19 C　　Unit 4 P. 32 D

Step 3

もう一度さっと読み、読んでみての感想を書きましょう。
●ポイント
中1用の教科書を読んで感じたこと。
おもしろかったUnit。
TedとMikaのその後の物語について想像したこと。

Tip 29

多読のすすめ(2)

多読―何を？ どのように？ いつ？

　Tip 28「多読のすすめ(1)」で教科書の旧版を使っての多読のやり方を紹介しました。ここでは中学3年間で「何を，どのように，いつ，多読するのか」に関して私が行ってきたことを紹介します。また，付録（p.162）に私の「おすすめ Reading 教材」を集めましたので，参考にしてください。

1　中学1年〜2年2学期までの各学期末1時間
・教科書の旧版を読む。
・読める範囲（例. Unit 1〜5までが読める）を指定し，簡単なあらすじを書かせる。（Worksheet は Tip 28 参照）

2　中学2年3学期
・中1，2の教科書の旧版，他社の教科書を読む。
・次のページの Worksheet を配り，簡単なあらすじを書かせる。
　これは3学期に入ってできるだけ早い時期に授業で1時間かけて行います。この1時間はとても大切です。この時間で「自分にとって多少やさしめなものをたくさん読む」ことが多読プログラムの目的であることを生徒に伝えます。生徒たちはどうしても自分にとってむずかしめなものを選ぼうとします。そうするとたくさん読むことができなくなります。先生はこの1時間で生徒たちに多読の目的を理解してもらいます。
　この時間の後は提出期限と読む量のノルマを決めて，家庭で読んでもらうことになります。

2年生多読プログラム

2年生の教科書をたくさん読み，読む力をつけましょう！
　　Class（　　　　　）No.（　　　　　）Name（　　　　　）

目標例・2冊の教科書を読み終える。
　　　・6冊全部の教科書を読み終える。
あなたの目標 ⇒（　　　　　　　　　　　　　　　　　）

☆読み方
1. 好きな教科書を選ぶ。それぞれつながった話になっています。
2. 各Lesson, Unit が読み終わったら，表にその Lesson, Unit の話の内容を簡単に書く。（書けるところは英語で書いてみてもいいですよ）
3. 1冊が終わったら，次の1冊を読んでみる。
4. Report Card は3月○日に提出です。

Report Card
　全体としてどんなことが書いてあるか（Who(だれが)When(いつ)Where(どこで)What(何を)どうした）を内容に書きましょう。（＊1マスで書けない場合は，2マス以上使って書こう。）

教科書名／Lesson／Unit	内容

3　中学3年1学期から

・市販の教材の Graded Reader を読む。
・下のような Report Card を配り，読んだ感想を書かせる。

　教科書で多読の面白さをつかんだ後は，最終段階として市販の教材で多読をします。最近は中学生でも読める楽しい Graded Reader がたくさん出版されています。

Report Card

Class (　　)　No. (　　)　Name (　　)

No.	Date：	Hour：

Title

〈読んだ感想〉（該当する部分に○をつけよう）

・おもしろかった　├──┼──┼──┤・つまらなかった

・内容がよくわかった　├──┼──┼──┤・全然わからなかった

・辞書をよく使った　├──┼──┼──┤・全然使わなかった

この本のおすすめ度とその理由を簡単に書こう！
＊おすすめ度の最高は5つ星（☆☆☆☆☆），最低は1つ星（☆）で表そう。10分以上かけないこと。その時間があったらどんどん読もう。
この本のおすすめ度は（　　　　　　　　　　）
その理由は

PART 5

Writing Tips

このPARTでは主に―
- Writingの活動は「何を？どのように？いつ？」行ったらいいのだろう？
- 簡単にできるWritingの活動はどのようなものがあるのだろう？
- 生徒に自己表現させるにはどうしたらいいのだろう？
- 生徒に「書きたい！」と思わせるような活動にはどんなものがあるのだろう？
- 生徒が書いたものを教師はどうしたらいいのだろう？
　　　―などの疑問に答えます。

Tip 30

Writing ― 何を？ どのように？ いつ？

Writing 活動のポイントと 3 年間の大まかな流れ

　Writing の活動をデザインする際に，**ポイントと 3 年間の大まかな流れ**を考えておくと，自分が今何をしているのか，それは何につながっているのかがわかりやすいと思います。ここでは私が行ってきたことを例に示します。あくまでも一例として参考にしてください。

1　何を？（What?）

> ・トピック：自分のこと　⇔　描写する，レポートする

　まずは**自分のことを書かせることが基本**になります。1 年の 2 学期からは自分の家族，友達と身近な人やものについて書かせるといいでしょう。2 年生後半からは，自分が書く内容を選ぶ段階から，絵を見て書く，読んだ内容を書くなどに発展させることも大切です。

2　どのように？（How?）

> ・時間：さっと書かせる　⇔　じっくり書かせる
> 　　　　（例：3 分，5 分）　（授業内で 1 時間，家庭で）
> ・量：1 文　⇔　複数文　⇔　文章
> 　　　　　（1 文＋α）（30 words / 50 words / 100 words）

　時間に関しては**時間を区切る場合**と，**じっくり書かせる場合**があります。これは書く内容によって変わってきます。いつもじっくり書かせるのではなく，「5 分間でどのくらい書けるかな？」と時間を区切り，制

限時間の中で多く書かせるように励ますことも大切です。

量は最終的なゴールを決めるといいでしょう。私は100語を一つのゴールとして，生徒たちに「3年の最後には100語書けるようになろう！」と励ましてきました。最初は1文をコピーさせるところから始め，習ったことを使って1文書く。次にその1文にもう1文プラスする。そして接続詞を使って複数文にする。このように徐々に増やすようにしていくといいでしょう。

3 いつ？（When?）— 3年間の大まかな流れ

上で挙げたポイントを3年間の中に当てはめて，大まかな流れを決めます。

		新しく習った言語材料を使って	今まで習った言語材料を使って	
中1	1学期	コピー		
	2学期	1文		
	3学期	↓	日記	
中2	1学期	1文+α	↓	遠足の作文
	2学期	（オリジナル文）	スピーチ原稿	
	3学期	↓	↓	
中3	1学期	↓	↓	修学旅行の作文
	2学期	↓	スピーチ原稿	
	3学期			卒業にあたって

Tip 31

5分以内でできるWriting活動を準備しておきましょう！

ちょっとした時間でも書かせることがポイント

　普段の授業はあいさつから始まり，教科書を扱ったり，Pair Workをしたり，書く活動をする時間がなかなかありません。Writingは話したり，聞いたりしたことを補強するのにも役に立ちます。5分以内でできるWritingの活動を準備しておくと，ちょっと時間ができたときに使えて便利です。

　例えば授業中に習ったTarget Structureを使って次のようなWritingの活動ができます。

1. Copying
   Target Structureをノートに書き写す。

2. Repeat & Write
   ①黒板に書かれたTarget Structureをクラス全体でリピートする。
   ②文の一部分を消し，またクラス全体でリピートする。リピートするたびに消していき，最後は下線だけにする。
   　例．You ＿ see a ＿ ．
   ③下線だけを見て，ノートに元の文を復元する。

3. Information Transfer

授業中に行った Listening, Speaking の活動で完成した表，絵，図などを見て，文章を書く。

Listen
MaryとKenの会話を聞きましょう。
1st Listening 今日は何の日ですか。
2nd Listening Maryにプレゼントをあげた人とそれぞれの人があげたものを線で結びましょう。

Ken　　Megumi and Diana　　Kevin　　Mary's grandparents

COLUMBUS 21　2年 p.65

だれが何をプレゼントしたのかを書かせる。
例．Kevin gave Mary a CD.

4. Grid を見て，文を作って書く。

Thinking Drill
言葉を組み合わせて文を作りましょう。（　）には好きな言葉を入れてみましょう。

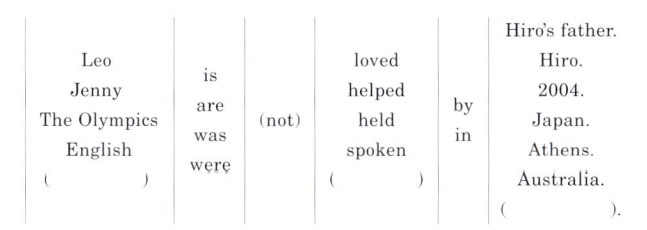

| Leo
Jenny
The Olympics
English
(　　) | is
are
was
were | (not) | loved
helped
held
spoken
(　　) | by
in | Hiro's father.
Hiro.
2004.
Japan.
Athens.
Australia.
(　　　). |

COLUMBUS 21　2年 p.72

例．English is spoken in Australia.

5. 自己表現文を書く。

Target Structure を使って，自分でオリジナル文を書く。
(Tip 32 参照)

Tip 32

まずは量を書かせましょう
―オリジナル文のすすめ―

Copying の後はオリジナル文を書かせましょう

　習ったことを使って自分のことを書かせること，させていますか？授業中で書かせる以外に，家庭で書かせることが大切になってきます。私はノート指導の際に，オリジナル文を書くことを奨励していました。書くことに慣れてきた中学 2 年からは学期ごとに「100文書く」などのノルマを設け，書かせてきました。
　オリジナル文とは次のようなものです。
1. 教科書本文，授業で使ったプリントの文の一部を変え，自分のことを書いたもの
2. 教科書本文，授業で使ったプリントをもとにスキットなど 2 文以上の文章を書いたもの

　生徒にはまず次のように書き方を指導します。例えば I like sushi. という文を習った場合，

Step 1　一部変えて書く
　　I like tempura.
Step 2　味付け（ Tip 34 参照 ）をし，and, but でつないで，2，3 文を書く
　　I like sushi very much, and I sometimes go to a sushi restaurant with my family.
Step 3　スキットを作る
　　A : Do you like sushi?
　　B : Yes. I love sushi.　My family likes sushi, so we sometimes go to a sushi restaurant.

＊これは，文をたくさん書かせる際に配った Worksheet です。

文をたくさん書くためのテクニック

Step 1. 事実を書く。
I played video games.（私はコンピューターゲームをしました。）

Step 2. さらに情報を足す。詳しく書く。
I played video games and ate potato chips.
（私はコンピューターゲームをしました。）（そしてポテトチップスを食べました。）
　　　　　　　　　　　　　　when I finished my homework.（私が宿題を終えたとき。）
　　　　　　　　　　　　　　but I lost.（しかし私は負けました。）
　　　　　　　　　　　　　　so my mother was angry.（それでお母さんが怒りました。）
　　　　　　　　　　　　　　with my friend.（私の友達と一緒に）
　　　　　　　　　　　　　　in my room.（私の部屋で）
　　　　　　　　　　　　　　at 7:00.（7時に）
　　　　　　　　　　　　　　then I took a bath.（それからお風呂に入りました。）
　　　　　　　　　　　　　　next ....（次に‥‥）

Step 3. 感情・感想を書く。
It was fun and exciting.（おもしろく，興奮しました。）
　　　　interesting but difficult.（おもしろかったけど，むずかしかった。）
　　　　hard / tough / but useful.（大変だったけれど，役に立った。）
　　　　expensive / cheap （高かった。／安かった。）
　　　　delicious / awful / terrible / bad.（おいしかった。／まずかった。）
I was tired.（私は疲れた。）
　　　　happy.（嬉しかった。幸せだった。）
　　　　sleepy.（眠かった。）
　　　　sad.（悲しかった。）

Step 4. 自分の意見，考え，思いなどを書く。
I think I will play again next Sunday.
　　　　I can win next time.

Tip 33

読み手を意識した3行 Writing 活動をしませんか

だれのために書く？—読まれることを意識した Writing

　生徒が書いたものは誰が読むでしょうか？―先生が読むのがほとんどだと思います。書くという行為は日記など自分だけのために書くものを除くと，普通読み手がいます。書く場合は，「〜に読んでもらう」ということを考えます。ところが教室ではこれが普通ではありません。そこで**読み手を意識した**3行 Writing 活動の出番です。
　以下のように行います。

1. モデルを示す
　I like <u>playing soccer</u> very much.
　<u>Soccer</u> is the most interesting <u>sport</u> for me.
　What is the most interesting <u>sport</u> for you?←友達への質問文を最後に必ず書く。

　＊モデルをディクテーションさせることもできます。

2. モデルをもとに自分で英文をノートに書く

　＊下線部を変えるように指示する。さらに下線部以外を変えてもよい，文を増やしてよいなど，生徒の状況に合わせて指示をする。

　I like watching TV very much.
　Comedy shows are the most interesting programs for me.
　What are the most interesting TV programs for you?

3. 書き終わったら，ノートを友達に回す。自分に回ってきたノートに書いてある文章を読み，それに返事をする

4. これを何度か繰り返した後，持ち主にノートを返す

　これで活動は終わりです。ところが実際はこれで終わりません。それは，生徒たちは友達がどんなことを書いてきたのかを黙って読み始めるからです。読み手を意識したWritingはここが違います。

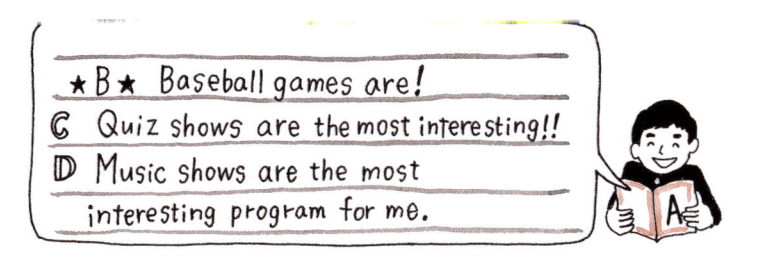

> ★B★ Baseball games are!
> C Quiz shows are the most interesting!!
> D Music shows are the most interesting program for me.

読み手を意識したWriting ―やってみませんか！

Tip 34

「味付け」の語句を加えて具体的に書く

味付けの語句を忘れずに！

　教えた文型や語句を使って自己表現させる活動はよく行われる活動です。しかし生徒が書いた文を読むと，I went shopping. I play tennis. など味もそっけもない文が多くなってしまいます。そこで私はいつも「文を書くときはできるだけ具体的に書くといいよ」と言います。これを私は"味付けをしよう！"と言っています。この"味付け"があるかないかで生徒の書く文が違ってきます。

　例えばI went shopping. I play tennis.は次のように具体的な語句が付け加えられます。

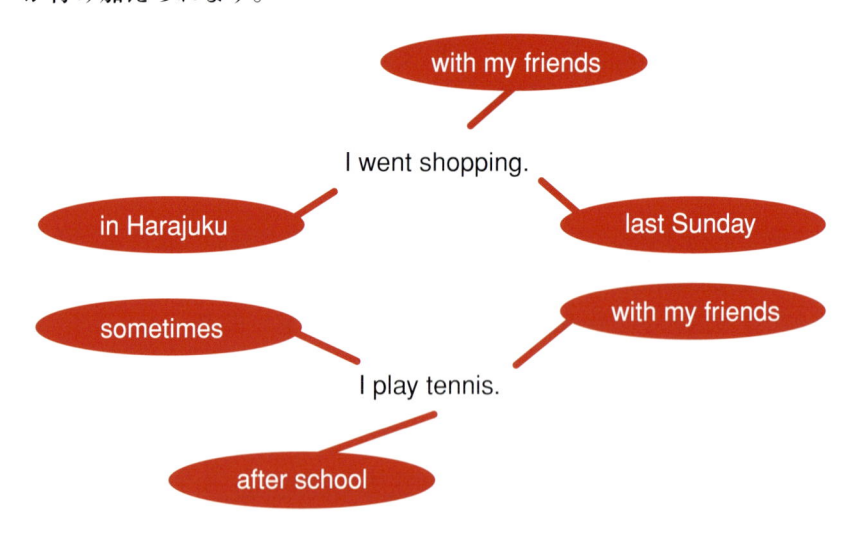

```
                with my friends
                      |
        I went shopping.
       /                  \
  in Harajuku          last Sunday

                          with my friends
  sometimes                    |
       \                  /
        I play tennis.
             |
        after school
```

＊形容詞，副詞，場所を表す語句，時を表す語句などが具体的に書くときに役に立ちます。

「できるだけ具体的に書こう」と言っても生徒はすぐに書けるようにはなりません。そこで私は次のような手順を踏んでいます。

①自己表現の宿題を出す。または授業中に書く機会を与える。
②書いてきた文のいくつかを黒板に書く。どうしたらできるだけ具体的になるかクラス全体で考える。
③教科書から具体的に書かれている表現を探す。
④自分の書いてきた文を読み直し，できるだけ具体的になるように書き直す。

　生徒が具体的に書く書き方を知り，次回から自己表現するときに「味付けの語句を使おう」「より具体的に書こう」と言うと，意識するようになります。この"意識"がより具体的な文を書く第一歩になります。

Tip 35

書く前の活動（Pre-writing Activities）を考えましょう！

まずブレンストーミングをして，アイディアを整理しよう！

「新しいクラスになりました。新しいクラスメートに自分のことを知ってもらう自己紹介を書きましょう」などの課題で，まとまった文章を書かせることがときどきあると思います。そんなとき，生徒はどうするでしょう。

何も言わないと，生徒は何も考えずにすぐノートを開き，思いついたことからどんどん書き始めてしまうことが多いのではないでしょうか。そうして書かれたものを見ると，**話があっちこっち飛び，とても読みにくい**ものになっています。話の流れなどどこかに行ってしまったという感じです。

この状態を少しでも改善するために，書く前に次のような活動を行ってはどうでしょうか？

> 1. 右ページのWorksheet例の Pre-writing1 にあるような図を与え，5分から10分で思いつくことをどんどん書かせる。
> 2. その図を見て，何を書き，何を書かないか決め，どのような順番で書くか決める。

上のようなステップを踏んで**書く前（Pre-writing）の活動**を行うことを続けていくと，生徒はいきなり書かないで，**何をどういう順序で書いていくか**を意識し始めるようになります。

【Worksheet 例】

Writing　今日の課題「新しいクラスになりました。新しいクラスメートに自分のことを知ってもらう自己紹介を書きましょう」
（＊新しいクラスメートへの質問文も書きましょう。）

Pre-writing 1　どんなことを自己紹介するか，思いついたことをどんどんメモしよう！

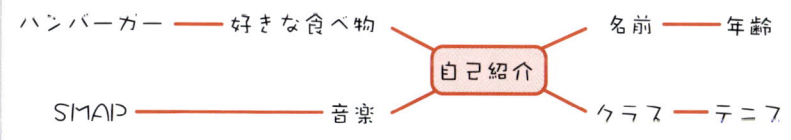

　　　　　　　　　　　自己紹介

Pre-writing 2　上の図を見て，何を，どんな順序で書くか決めましょう！

Let's write

【生徒作品例】

Writing　今日の課題「新しいクラスになりました。新しいクラスメートに自分のことを知ってもらう自己紹介を書きましょう」
（＊新しいクラスメートへの質問文も書きましょう。）

Pre-writing 1　どんなことを自己紹介するか，思いついたことをどんどんメモしよう！

ハンバーガー ── 好きな食べ物　　　　　名前 ── 年齢
　　　　　　　　　　　自己紹介
SMAP ──── 音楽　　　　　　　　クラス ── テニス

Pre-writing 2　上の図を見て，何を，どんな順序で書くか決めましょう！

名前→年齢→趣味・音楽→好きなグループ→質問

Let's write

　Hi, friends!　I'm Mika Mitsumura.　I'm 13 years old.　I like music.　My favorite music is Japanese pops.　I like SMAP.
　Do you know SMAP?　I like their songs very much.　Who is your favorite singer?

　　　　　　　　　　　　　　　　　　　　　　　　Mika

Tip 36

書いた後の活動(Post-writing Activities)を考えましょう!

書いた後,それを使った活動を!

　まとまった文章を書かせた後どうしていますか？先生がノートを集めて,一冊ずつ点検し,コメントを書くのはとても大変で,長続きしないのではないでしょうか。実生活では書くことには**目的**があり,**読み手**がいることが多く,書いたものに何かの**反応**があるものです。書いた後に書いたものを使って次のようなことを行ってはどうでしょうか。

　例えば「新しいクラスになり,新しいクラスメートに自分のことを知ってもらう自己紹介を書きましょう」という課題を出したとします。

> ＊自己紹介文の中に,友達に対する質問文を書くことを指示しておきます。

> 自己紹介文の例.
> 　Hi, friends!　I'm Mika Mitsumura.　I'm 13 years old.　I like music.　My favorite music is Japanese pops.　I like SMAP.　Do you know SMAP?　I like their songs very much.
> 　Who is your favorite singer?
> Mika

書き終わった自己紹介文を使って次のページのような活動ができます。

自己紹介文を使った活動

聞く活動
互いに書いた文を聞き合う。

読む活動
読んで共通点を探す。

自己紹介文

話す活動
読んで質問する。

書く活動
・自己紹介文に書いてある質問に答える。
・読んでコメントを書く。
（英語でも日本語でもよい。）

Tip 37

Feedback のちょっとした工夫

Good Points, Common Mistakes の Worksheet を作りましょう

　「Writing は書かせた後チェックするのが大変だから…」と二の足を踏むことが多いと聞きます。確かに生徒が書いてきたものをすべて見ようと思ったら，時間がいくらあっても足りません。工夫すればエラーを直すことによる効果もあると思いますが，大切なのはまず書かせることです。
　では，書いた後の処理はどうしたらいいのでしょうか？たくさんの時間を使ってエラーコレクションをしたのに，生徒に返した途端，かばんにしまわれてしまい，がっかりという経験をした私は次のようにすることにしました。

1. 生徒が書いたものを見ながら，よい例，よく間違える例をコンピューターに打ちます。

   ＊私は見る時間を 1〜2 時間と決めています。多ければ多いほどいいのですが，実際はそれほど時間を取ることができず，結局長続きしないのです。

2. 一通り見終わったら，コンピューターに打ったものをもとに Worksheet を作ります。（というか打ち終わった時点でほとんど Worksheet はできあがっています。）
3. Worksheet を生徒に授業で配ります。
   授業では Good Points を言い，Common Mistakes をさっと探させ，その後，解説します。さらに効果的に行うには，このプリントを使った後に Writing をさせるといいでしょう。

生徒が My Winter Vacation というテーマで Writing したものです。

（例1）

　I was very excited. Because my family bought a new computer. The new computer is very useful. Now I can give and get e-mails. And I can see many homepages.　The computer has games. So I play the games every day.　It is fun and interesting.

　On January 2nd, my mother caught a cold.　The hospital near my house did not open. My mother looked tired. Then on January 6th, my mother was fine.　But I caught a cold from her. I still have a cold.

　My grandfather and grandmother forgot to give OTOSHIDAMA to me.　So I did not get any money. I was sad.　I'm not rich. I'm poor!

　On January 1st, we went shopping.　I bought FUKUBUKURO.　It was very cheap.　I was happy.

（例2）

　My winter vacation was very boring.　Because I caught a cold.　I had a fever.　So I was sick in bed in January 1st to January 4th.　I was very sad.　I went to juku December 26th to December 30th and January 4th to January 7th.　So I had to study every day.　But I don't like juku, and I don't like studying.　I didn't want to study.

　I watched kouhaku uta gassen.　I wanted to watch it early.　So I was very happy.　I wanted to watch GLAY and Namie Amuro.　When I watched GLAY, I was very exiting.　When I watched Amuro, I was cried.　　　　　　　　　　　　　　　（生徒が書いた原文のまま）

　ここでは Good Points として，感想が書けるようになってきたこと（例1. I was sad. / 例2. I was very happy.），自分のことだけでなく，家族のことが書いてあること（例1. my mother caught a cold）などを Worksheet に書き出しました。

　また，前置詞のないミス（例2. I went to juku December 26th to December 30th）や動詞の使い方のミス（例2. I was cried.）を多く見るうちに，それらを Common Mistakes として取り上げました。

生徒が My Winter Vacation というテーマで Writing したものを読んで作った Worksheet です。

Writing "My Winter Vacation" を読んで

●Good Points!
○感想が書けるようになってきた。(I was busy / happy / excited / sad / relaxed.)
○自分のことだけでなく，家族のことが書いてある。
　　eg. My mother caught a cold.　She looked tired.
○味付けの語句をうまく使っている。
　　I got *otoshidama* a lot. / I studied very hard.

●Common Mistakes（間違いが多かった点）
＊前置詞の使い方　（Fill in the blanks.）
（　　　　　）December 31　〈日付の前には〉
（　　　　　）December　〈月の前には〉
（　　　　　）ten days　（10日間）〈期間を表すときは〉
（　　　　　）a long time　（長い間）〈期間を表すときは〉
（　　　　　）December 26th（　　　　　）December 30th
　　　　　　　　　　　　（12月26日から30日まで）

＊Find the mistakes!
1. I went my grandmother's house.
2. Amuro was cried.

●Useful Expressions　みんなが知りたかった表現です。
caught a cold（風邪をひいた）(caught the cold from ～〈～から風邪がうつった〉)
I got ten thousand yen.（私は一万円もらった。）
I enjoyed myself.（私は楽しんだ。）/ We enjoyed ourselves.（私たちは楽しんだ。）

PART 6

Tips for Using Textbooks

この PART では主に —
- 教科書本文をどう扱ったらいいのだろう？
- 教科書の絵，登場人物をどう利用したらいいのだろう？
- 教科書の英語をどうやったら頭の中に残すことができるのだろう？

— などの疑問に答えます。

Tip 38

本文の内容を理解させた後の活動をしましょう
── 教科書本文の扱い方(1)

本文の英語を頭の中に残すことが大切！

　教科書本文の扱い方，どうしていますか？本文の扱い方は大きく分けて次の2つになります。

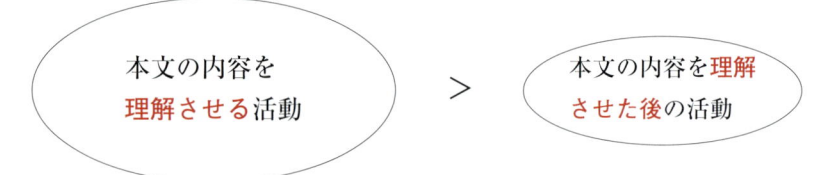

```
   本文の内容を              本文の内容を理解
   理解させる活動    ＞      させた後の活動
```

　「本文の内容を理解させた後の活動」を小さくしたのは，「本文の内容を理解させる活動」ほど時間がかけられていないと思うからです。しかし，「本文の内容を理解させた後の活動」はとても大切です。それは，「理解させる活動」だけでは，本文の英語が頭の中に残りにくいからです。「理解させた後の活動」を行うことにより，生徒は理解した本文に再度触れ，本文の英語が頭の中に残るようになります。
　比較的簡単にできる「本文の内容を理解させた後の活動」をいくつか紹介しましょう。（ここでは「音読」以外の活動を紹介します。）

1　Listen & Mark Stressed Words

　生徒は教科書を見ながら本文のCDを聞き，強く読まれている単語をチェックします。
Variation：「読みにくい単語の発音を注意して聞こう」「どんな気持ちで話しているか確認しながら聞こう」「文の最後が上がっているか，下がっているか注意して聞こう」など，目的に合わせて指示をすることもできます。

2 Listen & Speak in Your Mind

生徒は教科書を見ながら本文の CD を聞き，心の中でいっしょに本文を読みます。声を出さずに唇を動かすように指示するとよいでしょう。いきなりリピートするのは難しいとき，実際に声を出す音読の前に行うと効果的です。

3 Listen & Write Words about Picture Cards

ピクチャーカードを黒板に貼ります。生徒は教科書を閉じ，本文の CD を聞きながらピクチャーカードに関係する単語を書きます。この後，書いた単語をもとに文を言う活動に発展させることができます。本文の New Words や Key Words の復習に適しています。

4 Read & Write Sentences about Picture Cards

生徒は本文を黙読します（2〜3分）。その後教科書を閉じ，黒板に貼ったピクチャーカードを表す文を書きます。書けなくなったら，また1〜2分教科書を読む時間を与え，もう一度書かせます。

5 Read & Write without Looking at *Hombun*

生徒は指定された部分を1〜2分黙読します。その後教科書を閉じ，読んだ部分をノートに書きます。書いた後，教科書を開いてチェックします。短い会話や本文の一部分を使うと効果的です。

6 Grammar Search

「本文をもう一度読み，過去形に下線を引こう」と指示を出し，生徒にさっと本文を読ませます。復習したい項目や注意させたい項目があるときに手軽にできる活動です。文法項目だけではなく，「時を表す語句」「許可を求める文」など授業のねらいに合わせて行うことができます。
Variation: 読ませるのではなく，「CD を聞き，聞こえてきた動詞の過去形を書き出そう」と Listening の活動にすることもできます。

Tip 39

英語を頭の中に残すにはこんな活動もある
— 教科書本文の扱い方(2)

ちょっとした工夫で本文の英語が頭の中に残る

　Tip 38に引き続き，「教科書本文の内容を理解させた後の活動」の紹介です。

1　True for Me / Not True for Me

　「本文をもう一度読みましょう。そして，自分にとっても当てはまる文にアンダーラインをひきましょう」と指示します。
　例えばCOLUMBUS 21のBOOK 1 Unit 4 Jenny's Best Friendでは，自分もアニメが好きで，「千と千尋の神隠し」のDVDを持っている生徒はI like anime.やI have the DVD.の文にアンダーラインをひきます。その後，二人一組になってアンダーラインをひいた文を言い合ったり，クラス全体で何人かの生徒に言わせたりするといいでしょう。
　また，自分に当てはまる文が本文中にない場合は，文の内容を変えて言わせてもいいでしょう。例えば，I live in Hollywood.という文ではI live in Yokohama.のように言わせることができます。
　同じBook 1のUnit 6 A Dream Playerでは，He watches soccer on TV every day.と登場人物について述べている文に対してI watch soccer on TV every day, too.と自分のことを言わせてもいいでしょう。
Variation：I like this sentence.
　「本文をもう一度読みましょう。そして自分が好きな文にアンダーラインをひきましょう」と指示します。これは物語，ドキュメンタリーなどの本文を読んだときに使えます。(この活動は文京区立第十中学校の小寺令子先生から学びました。)

2 About You

　本文の一部分を取り上げ,「教科書ではこうですが,あなたはどうですか？」と生徒にたずねる活動です。例えば,Book 3のUnit 2 A Visitor from Cambodia には,They dream of finishing school and getting a job.とカンボジアの中学生の夢について述べている文や,They often talk to each other in English.と彼らの英語の学習法について述べている文があります。こうした部分を生かして,先生は次のように生徒たちに質問することができます。"Children in Cambodia dream of finishing school and getting a job. How about you? What is your dream?"

　この後生徒は二人一組になり,お互いに先生の質問の答えを言い合います。その後クラス全体で何人かの生徒に言わせるといいでしょう。

　また,本文全体の内容に関連して質問することもできるでしょう。上のUnitではDo you want to go to Cambodia? などの質問が考えられます。

Variation：Make sentences using a target structure.

　本文のTarget Structureを取り上げ,その文をもとに自分で文を作らせます。例えば上のUnitでは,I've heard that there are still some landmines in the ground.という経験を表す現在完了を使ったTarget Structureがあります。先生はその文を取り上げ,「現在完了を使って文を作ってみよう」と指示します。時間をかけずにさっとTarget Structureを練習する際に有効な活動です。

3 Make Questions

「本文をもう一度読みましょう。そして，次の**3種類の質問**を作り，ノートに書きましょう」と指示します。作らせる3種類の質問は，
1) Yes-No question
2) Wh question
3) 本文に答えが載っていない質問（できれば知りたいなあと思う質問。私はこれを Questions you can't answer と呼んでいます。）です。

　質問を作るために5分間ぐらい時間を与えます。その後二人一組になり，お互いに自分の作った質問を出し合います。その後クラス全体で，何人かの生徒に言わせるといいでしょう。

　質問を作るという行為は本文を何度も読み返すことになり，そのことが本文の英語を頭に残す助けをします。

　質問を作るのが難しそうな場合は，質問例をいくつか示すとよいです。また，本文に答えが載っていない質問（できれば知りたいなあと思う質問）は慣れないと作りにくいので，質問の例を示すとよいでしょう。

4 Summary

　本文の Summary を ALT に書いてもらいます。Summary の一部を空欄にします。それをプリントにして配ります。"Fill in blanks." と指示し，空欄を埋めさせます。最初は教科書を見ずに埋めさせ，その後教科書を見ていいことにするといいでしょう。（この活動は COLUMBUS 21のいくつかの Unit に載っています。）

R₁ Yumiが日記を書きました。本文を読んで下線部に適当な英語を書きましょう。

Jenny and I had to do our _____ about Halloween.
Jenny found some _____ on the Internet.
It said, "Halloween is a time to mark the coming of _____ .
Some people say it's to celebrate the _____ ." I think that's interesting.

COLUMBUS 21　2年 p.49

5 Fill in Blanks (in Pairs)

本文を使った Information Gap のような活動です。

次のような2種類の Worksheet を作ります。生徒を二人一組にして一人に Worksheet A を，もう一人に Worksheet B を配ります。その後生徒は教科書を見ずに各自空欄を埋めます。埋め終わった後，お互いに自分の埋めた部分の文を言い合い，パートナーの答えが違っていたら，正しい答えを言ってあげます。答えはパートナーが知っていることを最初に教えておくといいでしょう。

Worksheet A　Unit 6 Halloween　（一部）

あなたは Yumi です。（　　）を埋めましょう。
Yumi : Did you start your （　　　） about Halloween?
Jenny : Yes, I just found some information on the Internet.
Yumi : What did you （　　　）?
Jenny : Well, Halloween is a time to mark the coming of winter and the new year. Some people say it's to celebrate the autumn harvest.

Worksheet B　Unit 6 Halloween　（一部）

あなたは Jenny です。（　　）を埋めましょう。
Yumi : Did you start your homework about Halloween?
Jenny : Yes, I just found some information on the （　　　）.
Yumi : What did you find?
Jenny : Well, Halloween is a time to mark the （　　　） of winter and the new year. Some people say it's to celebrate the autumn harvest.

「本文をもう一度読み返し，英語を頭の中に残す助けをする」—これが活動の Key Word です。

本文の内容を理解させた後の活動，やってみませんか。

Tip 40

教科書にある"絵"を使った活動をしましょう

"絵"—いろいろ使って英語力アップ！

　教科書にはたくさんの絵が載っています。それをどのように利用していますか。本文に載っている絵は本文理解のために使うことがいちばん多いのではないかと思います。

　しかし，せっかく載っている絵，それだけに使うのはもったいないと思いませんか。今回は，「本文に載っている絵」を利用した，5分ぐらいでできるちょっとした活動を紹介します。

COLUMBUS 21　3年 p.37の絵を使って

1 Memory Game — Words! Words! Words!

　先生は左の絵を30秒ぐらい見せます。(または，生徒がそれぞれ指定された教科書の絵を30秒見ます。) そして絵を隠し (または生徒が本を閉じ)，先生は「絵の中にあったものを英単語で言ってみましょう」と言います。生徒たちはまず二人一組になり，どんどん単語を言い合います。(例：table, Mrs. Jones, flowers, cup, blue shirt, drink など) その後，生徒たちに挙手させてどんどん言ってもらいます。

Variation：Memory Game にしないで，生徒を二人一組にして，「二人で協力して1分間でいくつ単語が言えるか」としてもいいでしょう。または，There is / are ～.の文型を使い，There is a boy. There are two girls. などの文を作らせてもいいでしょう。

2 Sentence Making

PART 1. 絵全体について文を作る。

　今度は絵を見て文を作っていきます。先生は Look at the picture on page 37. Make sentences about this picture.と指示して文を作らせます。

(例) There are four people in this picture. Hiro is smiling. Mrs. Jones is smiling, too. Sarah is talking to Hiro. Jenny is drinking juice or something.

PART 2. 絵の中の特定の人，物について文を作る。

　先生は，Make sentences about this man.と絵のだれかを指します。生徒は二人一組になり，文を言っていきます。

(例) T：Go to your partner.（Hiro を指して）Make sentences about Hiro. Try to make more than five sentences. I'll give you three minutes. Start!（生徒は二人一組になる）
　　S1：Hiro is drinking juice.
　　S2：He is sitting on the chair.

　二人一組で作った後，クラスで生徒たちに挙手させ，どんどん言ってもらいます。

Variation：特定の文法事項を指定して文を作らせる。

　復習したい（または導入した後練習したい）文法事項を指定して，本文のいろいろな絵を使い，文を作らせます。例えば，現在進行形ならばCOLUMBUS 21 1年 p.72，73の絵を使って次のように活動できます。

T：Go to your partner.　Open your books to page 72.　Look at this picture.　Make sentences. Start!

S1：Hiro and Jenny are looking at Leo.
S2：Leo is running.
S1：Sanae is standing near the goal.
　ペアで言い終わった後，生徒たちに挙手させて言ってもらいます。終わったら次の絵に移ります。
T：OK. Next, page 73.　Make sentences.　Go!

以下，同じ方法で次から次へと絵を使って練習をさせます。ここでは，現在進行形を使った文を作る活動を紹介しましたが，同様の方法が次の文法事項にも使えます。

・There is / are ～　・3人称単数現在　・過去形（「過去にしたこと」と設定します。）

> ＊この方法は下の参考文献で紹介されている活動をアレンジしたものです。

3　About You

絵を見てその登場人物のことを言った後，自分のことを言う活動です。具体的には次のように行います。

COLUMBUS 21　1年 p.71

S : Hiro and Jenny are walking Leo.　Leo is happy.　I have a dog, too.　His name is Gonta.　I sometimes walk Gonta in the morning.

　今回紹介した活動は，どの絵でも，また写真でも使うことができます。いかがでしょうか。本文に載っている絵を使ってみませんか。

参考文献：金谷憲（1992）「教科書を使いこなす―本文中心主義を超えて―」『現代英語教育 29巻1号』（研究社）

Tip 41

登場人物を生かした活動をしませんか

登場人物に親しみを持たせることがポイント

　教科書にはいろいろな人物が登場します。生徒たちと教科書の距離を近づけるために教科書の登場人物を使った活動をしてみたらどうでしょうか。この活動には次のような効果が期待できます。
1）生徒たちが登場人物に親しみを持つことができる。
→教科書の音読などいろいろな場面への波及効果が期待できる。
2）活動を行う際に，今までに習った部分の教科書を何度も読み返すことになり，復習をすることができる。
→教科書でそれまでに習った語彙や文法事項を使うことができる。

1　Quiz "Who am I?"

　おなじみの Who am I? を登場人物に関して以下のように行います。
Step 1.　そこまでに習った Unit を読み返し，**先生がいくつか Who am I?のクイズを作る**。

クイズ例（Book 1の範囲で）
　Hi.　I'm a junior high school student.
　I like anime. "Spirited Away" is my favorite.
　I'm a member of the soccer team.
　I love soccer.　But I don't like training.
　Who am I?

Step 2. 先生が作ったクイズを Listening または Reading の活動として使う。
● Listening の活動として使う場面

… But I don't like training. Who am I?

Step 3. 先生のクイズ例を参考に生徒が自分でクイズを作る。
Step 4. 各自が自分の作ったクイズをペアのパートナーに（またはクラス全体に）発表する。

I'm thirteen. I'm lazy these days.
But I can still run fast. Who am I?

Leo!

Edu.

I'm a soccer player. I live in Brazil. I made a video for some Japanese kids. Who am I?

2 Read, Take Notes, Speak, and Write

なにやら長い名前ですが，Who am I?を少し変形させ，発展させた活動です。

Step 1. Read & Take Notes

「これまで習った範囲をもう一度読み，Hiro（登場人物）についてメモを取ろう」(Read Unit 1, 2,...and take notes about Hiro.) と指示し，5～10分与え，指定の登場人物についてメモを取らせる。（この場合，文を書かせるのではなく，1～3語のメモで書かせることがポイントです。）

Step 2. Speak in Pairs

生徒は二人一組になり，Step 1で取ったメモをもとに指定された登場人物について二人で5～10文以上言う。

Read & Take Notes
― Hiroについてメモをとろう！―

＊メモ例　Book 2 Unit 5まで

visited Los Angeles, about three weeks,
signs, in Spanish, a lot of Latinos,
an old man, ask for directions,
English is good, surprise, local people

> Hiro visited Los Angeles.

> He stayed there for about three weeks.

Step 3. Speak in Class
　先生は Step 2 で話したことをクラスで発表するように生徒に発言を促す。

Step 4. Write
　最後に指定された登場人物について文章を書く。

Writing
Write more than 4 sentences about Hiro.

＊文章例

　Hiro visited Los Angeles.　He met an old man there. The old man asked him for directions.　He treated Hiro like one of the local people.　And he said that Hiro's English was good.　Hiro was very surprised.

Date _____
Class____　No.____　Name_____

Tip 42

教科書を見返す機会を作りましょう

教えたことはすぐには身につきません

「教えたことはすぐ身につかない」—これはよく言われることです。下の図をご覧ください。これは Kellerman（1985）が主張している **U-shaped Development** というものです。つまり、「学習者は、最初は習ったものを決まり文句のように使うので正確に使う率が高いが、しばらくして自分で文を作り始めると正確に使う率が落ち、まただんだん上がっていく」というものです。

これは「教えたことはすぐ身につかない。習得には時間がかかる」ということを示しています。ということは、この本で繰り返して言っているように、「導入したら終わり」ではなく、「**導入した後が大切。定着させる活動が大切**」ということになると思います。

というわけで、「導入されたことに繰り返し触れて、それを定着させる」方法の一つとして、Tip 41の「登場人物を生かした活動」に引き続き、「教科書を見返す活動」をいくつか示したいと思います。

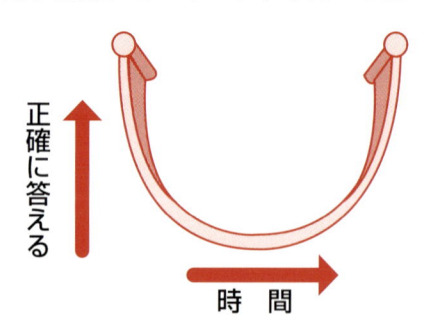

参考文献：Kellerman, E.（1985） If at first you do succeed... In Gass, S., & Madden, C.（Eds）. *Input in Second Language Acquisition.* （pp. 345-53）. Rowley, Mass：Newbury House.

1　Dictation

　おなじみの Dictation です。「今度の Dictation は以前に習った教科書の○ページから出すから家で準備しておいで」と指示を出します。授業ではもう一度そのページをクラス全体で読み，その後 1 分ほど各自で勉強する時間を与えてから Dictation を行います。Dictation 終了後すぐ教科書を開き見直すように指示します。時間は 3 分ぐらいですが，生徒たちは何度も教科書に触れることになります。

2　Listen, Take Notes & Speak

　Tip 41で紹介した活動の Variation です。以下の通り行います。
1　以前に習った教科書本文の Picture Cards を黒板に貼る。
2　先生は CD を流す。（2 〜 3 回流す。）
3　生徒たちは聞きながらポイントとなる語句をノートにメモする。
4　生徒は二人一組になり，メモをもとに文を言う。
5　ペアで話したことを全体に発表させる。
6　最後に教科書を開き，音読する。
　この活動も 5 〜10分ぐらいの間に「聞き，メモをし，話し，音読する」という流れで何度も本文に触れることができます。
　私は「Listen, Take Notes & Speak で扱ったページを次の時間に Dictation の範囲にする」という方法で，この二つの活動を関連付けています。これによってお互いの活動がより意味を持ってきます。

3　DIY Quiz

　授業の Warm-Up に使える活動です。
1　生徒に教科書の内容に関する英語のクイズを考えてきてもらう。
2　クイズを出す生徒を順番に決め，授業の始めに出題させる。
3　クラスの生徒たちは答えを探すために教科書をさっと読み直す。
4　答え合わせの後，答えの箇所の教科書ページを全体で音読する。
　当番の生徒は問題を作るために，ほかの生徒たちは答えを探し出すために，それぞれ教科書を読み返すことになります。

Tip 43

文法のまとめにこんな活動はいかがでしょうか

「説明を聞く」だけでなく「考えて行う」活動を

　文法のまとめ，どう行っていますか？新しい文法事項を導入し，練習して，そのUnitが終わりました。さてその後です。「このUnit（最近のUnit）で学習したことをまとめようね」という段階で何をしていますか。ここでは私が行っている方法をご紹介します。

　不定詞のまとめを例にとって述べます。COLUMBUS 21ではBook 2のp.45 Language Focus 3に当たります。

1　Step1　Language Focusのページで復習する

　以下の順序で復習します。
1　例文を読む。まずクラス全員で読み，次に個人で読む。
2　例文の意味を確認する。

　まず先生が例文を音読します。クラス全体にリピートさせた後，数名を指名し，読ませます。次に意味を確認します。私はこの後，不定詞の部分（to＋動詞の原形）にラインマーカーをひかせます。最後に，簡単にルールの説明をします。

　この段階では，文を読み，日本語で確認させながら「あっ，こんなことをやったなあ」と思い出してもらうことが目的です。

2 Step2 Grammar Search を行う

　Tip 38で紹介した Grammar Search を行います。Grammar Search とは，指定した文法事項をすばやく探す活動です。

　以下の手順で行います。
1　指定した文法事項を使った文を教科書から探し，印を付けさせる。
2　ペア，クラス全体の順で印を付けた文を確認する。

　まず先生は，「p.27から p.44をさっと読み，不定詞が使われている部分を探してラインマーカーをひきましょう」と指示をします。時間は3～5分ぐらい与えます。さっと読ませるようにすることがコツです。本文だけでなく，Communication Task のページでも探させます。

　各自の作業の後，生徒は二人一組になり，どの部分にラインマーカーをひいたかをチェックし合います。ここでお互いに教え合うようにします。生徒たちは，「どこ塗った？」「えっ，どうして？」などと教え合います。

　そして，クラス全体で確認します。生徒を指名し，「○ページの△行目」と言ってもらった後に，その文を読んでもらいます。そしてクラス全体でリピートします。

　この活動は，すでに授業で扱った本文，Communication Task などをもう一度読み直し，習った英語を頭の中に残すために行います。

3 Step3 Grid を使い，ルールを意識させる

　Step 1, 2で扱った例文を使って，次のような Grid を載せた Worksheet を作り，配布します。

不定詞〈to＋動詞の原形〉　形容詞的用法

Class	No.	Name			
I	want	something	to	drink.	
Do you	have	something	to	read?	
There	are	many cities	to	visit	in Japan.
(　　)	(　　)	(　　)	(　　)	(　　)	

先生は左から二番目の slot を指し、「ここには動詞がきているよね。一つ右の slot には何がきている？」とたずねます。このように、習った例文を使い、文の語順を意識させる活動を行います。また、「to＋動詞の原形の前には名詞・代名詞がくる」など、文法のルールを確認させながら、さらに（　　）を埋めさせるなどするといいでしょう。

4　Step4　Jumbled Sentences を行う

　Jumbled Sentences は、先生がバラバラに言う単語（または語句）を生徒が書き取り、文を作るという活動です。例えば、I have a lot of things to do. という文を作らせたいときは、下のように行います。

T：Listen and write a word or a phrase in your notebook. A lot of, a lot of.
S：（ノートに a lot of と書く。）
T：Have, have.
S：（ノートに have と書く。以下同じように、to, I, do, things と順に生徒に書き取りをさせる。）
T：OK. Look at the words and the phrase in your notebook. Make a sentence.
S：（ノートに書き取った単語や語句を使って文を作る。）

　この後、クラスで答え合わせをします。この活動のねらいは Step 3で Grid を作り、語順を意識したことを生かし、文を作るということです。答え合わせでも語順について軽く説明するといいでしょう。

5　Optional Activity　オリジナルの文を作らせる

　発展した活動としては、Grid, Jumbled Sentences の文を参考にオリジナルの文を作らせることができます。

　以上、私が行っている文法のまとめの一例を紹介しました。1から5までをすべて行う必要はなく、時間と目的に応じて一部行うことも可能だと思います。いかがでしょうか。説明して終わりでなく、生徒たちにちょっと頭を使って活動させる文法のまとめ、試してみませんか。

PART 7

Extra Tips

この PART では主に ―
- 簡単にできる効果的な文法指導はどうしたらいいのだろう？
- どうしたら語彙を身につけさせられるのだろう？
- テスト問題はどのような手順で作ったらいいのだろう？
- 生徒に効果的な家庭学習を行わせるにはどうしたらいいのだろう？
- 英語のノートはどうやって作らせたらいいのだろう？

―― などの疑問に答えます。

Tip 44

すぐにできる Grammar Focus Activity をしましょう

Fluency を重視した活動から Grammar に Focus!

　文法項目を教えるとき，私がいつも考えていることは，**Form**（形），**Meaning**（意味）だけでなく **Use**（使い方）を教えることです。形と意味がわかっていてもどんなときに使うかを知らないと，実際に使うことはできません。

　といっても，英語の Native Speaker でない身にとって，使い方を教えるのはなかなか難しいことです。ALT にたずねるのも一つの方法ですが，私は文法項目の使い方などの情報を教えるときに，いつもいろいろな Reference Book を参考にしています。この本の付録（p.164〜167）に私が**授業に役立つと思う Reference Book** を載せましたので，参考にしていただければと思います。

　Form と Meaning と Use を押さえることといっしょに，私がもう一つ文法指導で考えているのは，やはり「繰り返し触れて定着を図る」ということです。そのために，私の授業ではさまざまな機会をとらえて"Find the Mistakes" など**文法の Form に Focus させる活動**を行っています。

　どんな場面でその活動をするかというと，私が心がけているのは Pair Work のような Fluency を重視した活動と関連させて取り上げる，ということです。具体的には次のような場面で行っています。

1　Pair Work などの活動と活動の間で

　"What did you do last Sunday?" とお互いに日曜日にしたことを聞き合う Pair Work をします。このとき教師は生徒の様子をモニターし，よい表現や Common Mistakes を聞き取ります。

Pair Work が一区切りしたところで，よい表現を黒板に書き出し，リピートさせます。また，Common Mistakes も黒板に書き，ミスを探させます。ミスを発見したらクラスでリピートして注意を促します。その後パートナーを変えて，また同じ課題で Pair Work を行います。

② 活動が終わった後，生徒自身がモニターになって

　同じような Pair Work の際に，テープレコーダーを使い，やりとりを録音します。Pair Work 終了後，テープを聞き，自分たちの会話の中でよい表現や間違えた箇所を探させ，ノートに書き出させます。

③ 活動を行った次の時間の最初に，Worksheet を使って

　Pair Work で聞き取ったやりとりを Worksheet にして，その中に Common Mistakes を入れておきます。活動を行った次の時間の最初にその Worksheet を配布し，"Find the mistakes." と言って，生徒にミスを探させます。

Tip 45

語彙を身につけさせる効果的な方法は

語彙を Recycle する機会を作りましょう

　語彙を教える際に考えることの一つは，日本語の意味を教えただけでは十分ではない場合が多いということです。では，どうしたらよいかということですが，私は次のことを心がけています。

> 1. その語彙のもとの意味を教える。
> 2. その語彙を使った例文を示す。
> 3. 絵や図などを使って教える。
> 4. その語彙が Informal か Formal かを教える。
> 5. どんな語句が前後に来るか（Collocation）を教える。

　上の1〜5を教えるとき，必要に応じていろいろな辞書を参考にします。最近の辞書は特に役に立つ情報が充実しています。

　ところで，語彙を身につけるのに必要なことは何でしょう。しばらく前になりますが，私は millennium という単語を覚えました。最初は「なんだ，これは？」と思っていた単語でしたが，気になり，辞書で調べ，何度も目にするようになり，いつの間にか覚えてしまいました。語彙習得のためには，やはり「繰り返し触れる」ことが大切でしょう。Schmitt & Schmitt（1995）によると，言語の習得のためには 6 〜16回 recycle することが必要だそうです。

　同じことを教室でするにはどうしたらいいでしょうか。Teacher Talk による Input, Pair Work などでの Output の機会を繰り返し設けることが考えられます。

　ここで，rent という語彙を例に，1時間の活動の中でどのように繰り返したらよいかを示しましょう。

1 Vocabulary Work

　生徒が今までに習った語彙を復習するために，「日曜日にすることをあげよう」と生徒にたずね，黒板に(A)のように板書します。**生徒に思いつく語彙を言ってもらい**，教師はそれを(B)のように板書していきます。以前に教えた rent はこの段階で生徒に思い出してもらえればよし，そうでなければ教師のほうから示します。

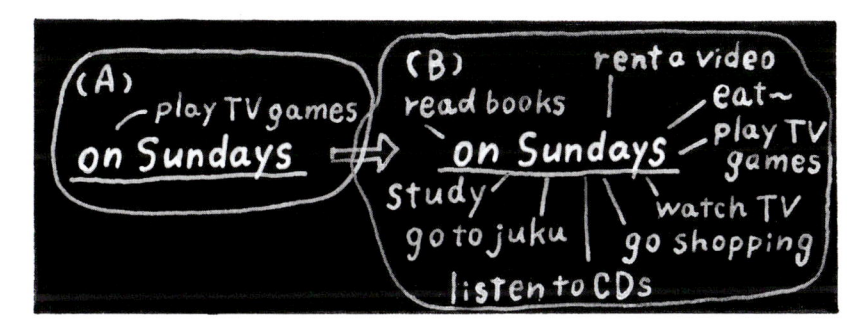

(A) play TV games on Sundays

(B) on Sundays — read books, rent a video, eat～, play TV games, watch TV, go shopping, listen to CDs, go to juku, study

2 Teacher Talk

　生徒への見本として，教師がどのように日曜日を過ごすのかを英語で話をします。意識的に I sometimes rent a video. と **rent を使った文を聞く機会**を作ります。

3 Pair Work

　「日曜日に何をするのか，お互いに話をしよう」というペアワークで，rent という語彙を**自分で使ったり，友達が言うのを聞いたり**します。

I sometimes rent a video.

I rent ……
I rent a ……

4 Consolidation

　授業のまとめの段階で，教師は生徒が言いたくても英語で言えなかった表現，何人かが使っていてほかの生徒も知ったほうがいい表現を板書したりしてまとめます。これは Worksheet にして次の時間に配り，復習することもできます。rent は例文として，板書して意識させます。

> **WORKSHEET**
> **Useful Expressions**
> 〜友達が使った良い表現です。
> まねて使ってみましょう！〜
> ・I sometimes rent a video.
> ・I talk on the phone.

　以上は 1 時間の例ですが，長期的に考えると，rent という語彙は現在形で自分の 1 日のことを言う 1 年の後半に導入し，過去形，未来を表す言い方，不定詞を習うとき，夏休みなど長期の休みのことを言うときに繰り返し使う機会を作ることができます。

　このようにすると，知っている語彙を何度も復習することができ，これまで知らなくて使いたかった語彙を新しく学ぶことができます。語彙を習得するということを短期的に考えるのではなく，**3 年間で何度も繰り返し触れ，使う機会を設け，徐々に習得する**と考えるとよいのではないでしょうか。

語彙を学び，覚えるための方法をいろいろ教えましょう

　語彙を身につけさせるには，**いろいろな語彙の学習方法を生徒に教える**ことも効果的です。学習法は，生徒一人一人にあった方法があると思います。ですから教師は効果的な学習法をできるだけたくさん紹介することが大切です。

　生徒一人一人が自分に合った学習法を身につけられるように，私は次のような Worksheet を作りました。

単語を学ぶ効果的な方法を見つけよう

効果的と言われるいろいろな方法を書き出しました。いろいろ試して自分に合った方法を見つけましょう！

- 習った語句を使って，オリジナル文を書く。
  （自分のこと，友達のこと，家族のことなどを書く。口に出して独り言を言ってもよい。）
- 自分で単語帳を作る。
  （単語帳には日本語の意味，例文などの情報を書く。）
- 発音しながら書く。
- 絵やイメージを頭に思い浮かべながら覚える。
- その単語の同意語，反対語を思い出す。
  （例 old ⇔ young）
- カテゴリー別（例「1日の行動」「職業」「形容詞」）に単語を書き出す。
- 一つの単語から思い浮かぶ（連想する）語を書き出す。

```
rent ← music → rock
     ↙  ↓  ↘
  guitar listen etc...
```

- 読んでいて，または NHK 基礎英語を聞いていて，何度か読んだり聞いたりして気になった語句を調べる。
- 自分で作った単語帳の語句などをどれくらい覚えているか，ときどき自分でテストをする。

> ＊上のような方法で，単語に触れる機会を増やす。
>   （⇒ 6～16回繰り返すと覚えられると言われています。）
> ＊効果的に記憶するには，新しい単語を習ったら，授業のすぐ後に確認し，そして24時間以内にもう一度覚えているか確認するといいでしょう。（⇒24時間以内に80％は忘れると言われています。）

Tip 46

テスト問題はこんな手順で作る

テスト問題を作る Step とテスト対策チェックリスト

　みなさんはテスト問題をどのように作っていますか？ここでは私がテスト問題を作っていたときの手順を紹介します。

　「授業で行ったことをテスト問題にする」というのが私の基本的な考え方です。ですから教科書に出ていることだけでなく，教科書以外の教材や Worksheet で学習したこと，授業の言語活動の中で教えたことなども振り返ってテスト問題を作成します。

　またテストの前に，後で紹介するようなテスト対策チェックリストを作って生徒に配り，準備ができるようにしておきます。

　テスト問題作りで考えなければならないのは Skill のバランスです。4 Skills のうち Speaking については，スピーチや Tip 23で紹介したインタビューテストなどで評価します。テスト問題では，それ以外の Listening, Writing, Reading, Grammar, Vocabulary の観点で作成します。

Step 0 (まず最初に)
(1) Teaching Plan や Worksheet の File を見て，授業で行ったことを振り返る。
(2) 去年のテスト，前回のテストを見る。
(3) テスト対策チェックリストを作る。(問題を作る際，このチェックリストを確認する。)

Step 1
　Teaching Plan や Worksheet をあらためて見直し，教えた Structure, Vocabulary, 授業で行った活動などを書き出す。

Step 2
　Step 1で書き出したことを，どのようにテスト問題に生かすか考える。

☆これが,私がいつもアイディアを練るときの下書きです。

●今回教えたStructure, Vocabulary
・Structure — There is / are ~. will（未来を表す）
・Vocabulary — there, in, on, near, by, under, and, but, will, must, if

＊授業で教えた文　I'm nervous. / I have a headache. / I forgot ~ . / Mr. Ota? / May I borrow, have, take ~?

＊反応の語句・文　Wow! / Really! / Me, too! I didn't know that!

Step 3
　Step 1, 2で考えたことを Skill 別にする。
Step 4
　各 Skill の配点を考える。(配点は,授業での各 Skill の比重の置き方と同じ比率にすることが大切です。)
　☆Skill 別の配点を考えるときのメモです。

●Listening（配点32）
☆授業で行った Listening 活動の形式を生かす。
・Listen & Draw — 町の様子や部屋の様子を描く。
・First Steps in Listening から Family Tree の問題。
☆Listen & Fill in Blanks〈sound, linking〉(2×3＝6)
　取り上げる項目＝look at, only a few, in a group
☆Listen & Choose Responses (eg. Once more, please.)
・Classroom English がどのような場面で使われるかを問う問題。
・Mr. Campbell が Halloween でどのようなことをしたか問う問題。

●Grammar（配点12）
☆Find the Mistakes
☆Fill in Blanks in Context
☆Ordering the Sentence（Workbookから）
☆Changing Verbs（Workbookから）
☆Look at the Picture & Choose Words
☆接続詞 when を使った Matching

●Writing（配点20）
☆There is / are 〜 in my room.
☆willの文を使って書く。
・自分の未来について2文（2×2＝4）
☆自己表現
・Is / Are there 〜? を使って生徒に質問する。（2×4＝8）

●Reading（配点24）
☆Matching Picture Cards with Sentences(2×4=8)
・ALT に以下の説明を含んだ長文を書いてもらう。
　省略，同意語，反意語，QA，that は何を指しているか，接続詞，細かい点を読ませるための Worksheet を参考にする。

●Vocabulary（配点12）
☆動詞の原形，過去分詞形を取り上げる。
☆Word Card の単語から（Fill in Blanks in a Context-choice）
☆授業で教えた文から
　I'm nervous. / I have a headache. / May I borrow, have, take〜?
☆反応の語句・文から
　Me, too. / I didn't know that.

［テスト例一部］

ENGLISH TEST　　2nd year　　1995.10.29
　　　　Class（　）No.（　）Name（　　　　　　　）

1. （Vocabulary）今回の範囲の中での大切な表現を覚えていますか。（　）に当てはまる文を下の囲みの中から選び、その記号を書きなさい。（各2点）
   1. A：You look tired.　Are you OK?
      B：No.（　）
   2. A：（　）I can't talk with Mr. Campbell.
      B：Don't worry. You can use gestures.
   3. A：Mr. Bamba is a good skier.
      B：Really?（　）
   4. A：I like tomatoes.
      B：（　）I like them, too!!
   5. A：Mr. Campbell, I forgot my textbook.（　）
      B：OK, hurry up!!

   > (a) I'm nervous.　　(b) Me, too.　　(c) I have a headache.
   > (d) May I go to the classroom?　　(e) I didn't know that.

2. （Grammar）みんながよく間違えるポイントです。次の文の下線の部分には間違いがあります。正しく直しなさい。（各2点）
   1. There is some books on the desk.
   2. Mr. Smith will come to Japan last Sunday.
   3. Mr. Campbell must studies Japanese.　But it's difficult for him.

3. （Grammar）今までに現在・過去・未来などいろいろな時を表す言い方を習いました。次の文の（　）の中の動詞を適当な形に書き直しなさい。（各2点）
   1. Yuko is a good runner.　She (run) in the park every day.
   2. Today Yuko is tired.　But tomorrow she will (run) in the park.
   3. Look! Yuko is (run).　Yes! She's a good runner.

4. （Writing）あなたへの質問です。英語の文で答えなさい。（単語1語で答えないこと。1, 2, 3とも答えの文の後にさらに1文付け足すこと）（各2点）
   1. Are there any karaoke boxes in Yotsuya?
   2. What will you do next Sunday?
   3. Will you drink sake every day in twenty years?

――――――――― 以下略 ―――――――――

テスト対策チェックリスト

「生徒たちのテスト勉強の役に立ってほしい」「勉強をどうしたらよいのかわからない生徒たちの役に立ってほしい」という願いから，テスト対策チェックリストを毎回テストの2週間前ぐらいに作成し，生徒たちに配布していました。

私にとってもテスト作りの際に役立つ資料になりました。

2年生英語期末テストチェックリスト

テスト勉強では以下の点に注意して，勉強しよう。
（　　）内は勉強の仕方です。

教科書（Lesson 6, 7のp.45まで）
- □ ●教科書の文を聞いて意味がわかる。場面が頭に浮かぶ。
  （テープを何度も聞く。リピートするとよい。）
- □ ●教科書についてのWorksheetの問題をもう一度解いてみる。
  （Lesson 4関係のシートは3枚出ています。）

Workbook（pp.26〜32）
- □ ●Workbookの問題を解く。
  （できなかった問題は何度も解く。）

Worksheet（ファイルを開こう!!）
- □ ●Worksheetの内容がわかる。
  （下線部をうめるなどもう一度授業でやったように，やってみる。）

今回の範囲のWorksheet

＊友達の部屋のことを聞こう！
（1〜4の文を読む，書く，そして自分の答えを書く。自分で読んでみる。）

＊Writing about My Dream Room
（自分で文章を書いてみる。Worksheet の右側にある「使える表現・単語」を使ってみる。）

＊There is / are 〜.のまとめ
（Find the Mistakes, Grammar Points をもう一度解いてみる。）

＊未来のことを表すには（will）が便利
（自分の予定のことについて文を書く。）

＊Your Future in Twenty Years
（1〜4の文を読む，書く，そして自分の答えを書く。モデルの会話を読んでみる。）

＊must に関するWorkheet
（モデルの文をもとに，自分の文を書いてみる。）

単語
□　●次の文，語句が読める・意味がわかる。
　　（英語らしい発音で何度も口にする。）
　　＊授業で学習した文　I'm nervous. / I have a headache.
　　＊反応の語句・文　Wow! / Really? / Me, too! / I didn't know that!
　　＊LL教室で使う便利な文　I forgot 〜. / Mr. Ota? / May I (borrow / have / take) 〜?
□　●次の単語を書くことができる。
　　there, in, on, near, by, under, and, but, will, must, if
　　（声に出して，読んでみる。そして，書く。）

※試験当日に提出するものは，Workbook です。

Class（　　）No.（　　）Name（　　　　　　　　　　）

Tip 47

テスト返却の時間は振り返るための絶好の機会

ただ答案を返却すると，生徒は点数ばかり気にしてしまう

　テスト返却どうしていますか？年に数回必ずあるこの時間ですが，「答案を返却して，平均点を言って，解説をする」というパターンでしょうか。この解説の部分が実はいちばん生徒に聞いてほしい部分だと思いますが，このとき生徒たちは解説を聞くより，自分のテストの点数で頭が一杯なのかもしれません。

　そこでまず**点数で頭が一杯になる前**に，振り返ってもらうことをさせてみたらどうでしょうか。以下は私が行っていた方法です。

1　リスニングテストをもう一度行う

　テストと同じリスニングの問題をもう一度行います。一度聞いているのでテストのときよりも聞きやすく，**生徒が自分で正解に気づく**ことがよくあります。「ここがポイントだね」とヒントを与えながら聞かせるのも効果的です。

> ここがポイントだね。

> I often play tennis on Sunday morning. But I am watching TV now.

> あっ，そうか！

2 Worksheet "Find the Mistakes" を配る

　下のような Worksheet を配って生徒たちにミスを探してもらい，その後で解説します。ここで生徒たちからは「ぎゃー」などの悲鳴が聞こえます。リスニングテストをもう一度行うこととねらいは同じで，要は生徒に自分で正解に気づいてもらうということです。

　Worksheet　2年1学期期末テストから Find the Mistakes
みんながよく間違えた箇所です。直してみましょう。

Date(　　) Class(　　) No.(　　) Name(　　　　　)

1. I was fun.
2. You look like nice in your T-shirt.
3. Her hair is look like silk.
4. A：What did you do?
   B：I studyed English.
5. A：What are you going to do this summer vacation?
   B：I going to swim in the pool.
6. A：What did you do last Sunday?
   B：I was studied English.
7. A：What were you doing at about nine last Sunday?
   B：I watched TV at that time.
8. We're going to have a lunch.
9.（人を誘うときに）Are you going to come to our party?

---

3 答案を返却する

　1, 2のステップを踏んだ後で答案を返却します。

　ちょっとしたことですが，ただ答案を返すよりかなり効果的だと思います。テストの返却の時間，工夫してみませんか！

Tip 48

採点した後が勝負

テストの採点から次のテストまでにすること

　テストを行うといろいろなことがわかります。そのうちの一つは「生徒たちがまだできていない点はどこかがわかる」ということです。つまりこれは「もう一度教えなくてはいけない点がわかる」ということでもあります。

　言語はすぐに身につくものではないので，繰り返し教えていくことが大切です。テストの結果から，何を教えたらいいのか（逆に言うと，何は身についているのか）がわかります。そこでわかったことを，私は次のような手順で，その後の授業やテストに生かすことを考えています。

Step 1. 採点をしながら生徒たちができない点をメモする。

　採点しながら生徒たちができない点をデータとして打ち込みます。打ち込んだデータはほとんどそのまま Tip 47 で紹介した "Find the Mistakes" の Worksheet になります。

　気になる生徒の場合は答案をじっくり見るために，コピーして一時保存する場合もあります。

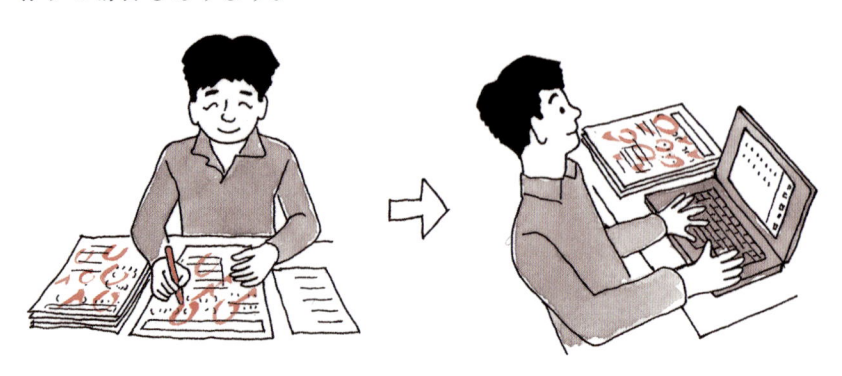

Step 2. テスト後の授業でできない点を復習する機会を作る。

　Tip 47で紹介したように，テスト答案返却の時間では"Find the Mistakes"を行います。その後の授業では，次のようなやり方で生徒が復習する機会を作ります。

> ●現在進行形と現在形が混乱しているので，復習させたい場合
> ・リスニングでこの二つを入れた問題を作る。
> ・ALTにこの二つを入れたリーディング教材を作ってもらう。
> ・この二つを取り上げた文法の問題を与える。
> （例）Find the Mistakes
> 　　　I often play tennis on Sunday morning.
> 　　　But I watch TV now.
> ・教科書に出てきた段階で，簡単に説明する。

Step 3. 次のテストでまた出題する。

> I often play tennis on Sunday morning.
> But I am watching TV now.

Step 4. 採点をしながら生徒たちのできをメモする。

　いかがですか。このStep 1から4のサイクルを繰り返し，**長期的に，しつこく行うことがポイント**になります。もちろん新しいことを教えなくてはいけませんから，Step 2の活動はさっと行うこともポイントです。大切なのは，「テストをして終わり」ではなく，「できないところはしつこく何度でも」という発想です。

　「できなかったところの指導→次のテストで出題」の流れ，やってみませんか！

Tip 49

CD と教科書を使った家庭学習の仕方

いろいろなパターンを示すのがポイント！

　家庭での学習が英語ではなんと言っても大切です。そして，生徒に家庭学習を行わせるためには，具体的な学習方法を示すことが必要になります。「学習法はこれだけ」というより，いろいろな学習法を示すほうが，いろいろな学習者に対応できると思います。

　家庭学習の方法を示すとき，私は次の２点をポイントにしました。

> 1. CDと教科書を使った学習法を示す。
> 2. Writing（習った文のコピーからオリジナル文まで）の学習法を示す。

　ここでは，まず１のCDと教科書を使った家庭学習の仕方を紹介します。いずれの方法も授業で実際に教師が見本を示し，その場で生徒たちに体験させることが大切だと思います。

　「教科書の文を頭の中に残す」というのが学習の目標です。その目標のために，一人一人が自分に合った学習法を選び，家庭で学習するようにさせるといいでしょう。

■Listening
・授業で行ったページのCDを聞く。（教科書を見ながら聞いたり，教科書を見ないで聞いたりする。）

■Reading
・音読をする。（単語の発音の仕方，音変化する部分に気をつける。）
・Read & Look Up（文を見て記憶した後，教科書から目を離して，その文を発音する。）

(Read & Look Up)

- Overlapping（文字を見ながら，CD といっしょに読む。）
- Repeating（文字を見ないで，CD の後について文の単位でリピートする。）
- Shadowing（文字を見ないで，CD の音声を聞きながら少し遅れて読む。）

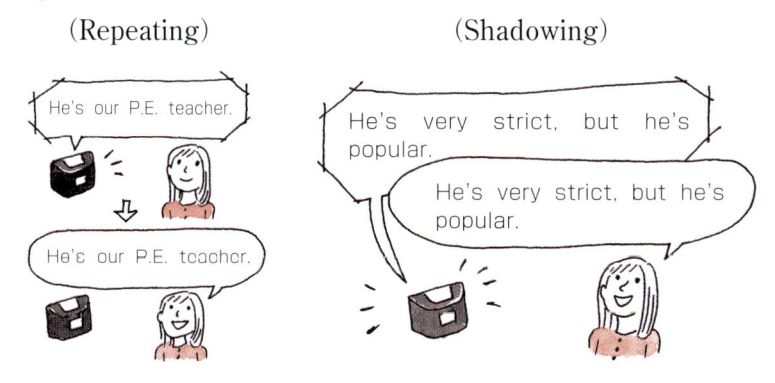

　　　（Repeating）　　　　　　　（Shadowing）

■Writing
- Read & Write（教科書の文を黙読〔あるいは音読〕する。そして教科書から目を離し，その文をノートに書く。）
- Dictation（CD を聞いて，聞こえてきた文をすぐに書く。）
- Delayed Dictation（CD を聞き，3〜5秒ぐらい間を置いてから，その文をノートに書く。この3〜5秒の間に英文を頭の中に残すようにさせる。）
- 日本語訳を見て文を書く。（教科書本文の日本語訳のプリントを見て，英語に直す。）

Tip 50

こんなノート作りで学習を Follow Up

家庭学習で何をするかが明確になるように

　ノートの作り方はさまざまあり，「これが決定版！」というものはないと思います。大切なことは，家庭学習で何をするかが明確になるようにすることではないでしょうか。

　ノートは授業で学習したことの記録ですが，ただ授業中に書きとめたことだけでは，後に読み直したときにわかりにくいことが多いものです。読み直したときにわかるようにしておけば，後になって自分の役に立つノートになります。

　そのためには，家庭学習で授業を振り返り，ノートを整理しておくことが必要です。そこで私は「自分が後で読み直して役に立つようなノート，自分だけの参考書になるようなノートを作ろう」と生徒に呼びかけました。

　ほかにもう一つ呼びかけたことがあります。それは「復習するノートを作ろう」ということです。英語学習では授業で習ったことを家庭で復習することが欠かせません。「ノートを使ってその復習を行い，記録に残しておこう。」という呼びかけです。

　Tip 49 で，「習った文をコピーしたりオリジナル文を書いたりするライティングの学習」を家庭学習の方法として挙げました。私は，このライティングの学習を家庭で続けていけるようなノートを作るように生徒を促しました。

　次のページは，私がある学年の学期の最初にノートの作り方を示したプリントです。上で述べたような考えで作ったものですが，こんなノートの作り方，いかがでしょうか。

いい英語ノートの作り方

1. 自分の参考書になっている。
【後で見直したときに，授業で習ったことがわかる。
→後で復習することができる。】

＝授業で習ったポイントが書かれている。
　（黒板に書かれたことなど）
＝Mr. Ota が言ったポイントが書かれている。
　（黒板に書かれていないが，Mr. Ota が言ったポイントなど）
＝Show ＆ Tell など発表した原稿が書かれている。
　（ただ原稿を書くだけでなく，次回はこうするなど注意点などが
　　書かれているとよい。）
＝自分が間違いやすいポイントが書かれている。
＝自分の感想（気をつける点，大切な点，次に気をつけることなど）
　が書かれている。

2. 復習するノートになっている。
【後で見直したときに，自分がどれだけ復習したかがわかる。→励
みになる。→どこで自分が間違いやすいかわかる】

＝授業で習った文・語句を書く練習をしている。
　（教科書本文の日本語訳のプリントを見て，英文を書く。）
＝授業で習った文・語句を使って，自分でオリジナル文を書いてい
　る。
　☆自分の書いたオリジナル文には番号をつけておこう。
　　学期が終わるまでに何文書けるか励みにしよう！
（例．I like ～.の文を習ったとき―I like Kimura Takuya.などと
自分の文を書く。）

【ノート例】

左ページ	右ページ
①日付（必ず書く。）	④復習のスペース

教科書本文の日本語訳のプリントを貼るスペース

②授業中に書くスペース
（後で見直したときにわかるように書いておく。授業中に書ききれなかったときは家で書く。）

・授業で習った文，語句を書く。
・教科書本文の日本語訳のプリントを見て，英文を書く。
・自分のオリジナル文を書く。

③自分の間違えやすい点，感想を書くスペース

☆2学期からは，次の点からノートを評価します。
　自分の参考書になっているか。
　復習しているか。（基本文を書く練習をしている・オリジナル文を書いている）

付 録

■ Small Talk 集【Tip 12 に関連】
私が実際に行っていた Small Talk の例を集めました。

■ 手作り Listening 教材【Tip13 に関連】
私が作った Listening 教材のワークシートと音声スクリプトを紹介します。以前，コロンブス通信のために書き下ろしたものの一部です。付属 CD に音声が収録されています。

■ おすすめ Reading 教材【Tip 29 に関連】
中学生でも読める Graded Readers を紹介します。

■ おすすめ 英語教師の参考図書【Tip 44 に関連】
先生方が授業を考えるときに役立つ参考図書を紹介します。実際に役立ちました。今も使っています。

Small Talk 集

　生徒に声を出させることに慣れさせ，話す量を増やさせるためにも，生徒にとって身近な話題で話しかけることが大切だと思います。ここでは，私が授業中やちょっとしたときに生徒と話した Small Talk 例を紹介します。

　　T：Teacher / Ss：Students（複数の生徒たち）
　　S1：Student（ある生徒）

● 他教科の授業のこと（家庭科調理実習の後）
　T：In the 3rd period, you had homemaking. I hear you cooked something. What did you cook?
　Ss：Curry!
　T：Oh, you cooked curry and rice! Did you cook it well?
　Ss：Yes. No. So so.（などいろいろ言う）
　T：Was your curry and rice good, S1?
　S1：Yes, it was.
　T：Good! Did you cook curry and rice for me, too?
　S1：No.
　T：Oh, come on! I'm your homeroom teacher. I'm getting hungry.

● 他教科の授業のこと（体育の後）
　T：In the last period, you had P.E., right?
　Ss：Yes.
　T：What did you do?
　Ss：Soccer.
　T：Oh, you played soccer. Did you enjoy playing it? Which team is strong?
　S1：A-kun's team.
　T：Oh, really? A-kun, is your team strong?
　S2：Yes.

● クラブ活動
　T：Yesterday I took our baseball club to Tamagawa. Our team played against Mitsumura junior high school. They were really strong. First, they led us by 3-0. But in the bottom of the ninth inning, A-kun hit a homerun, and our team won! I was really excited.

●給食のメニュー（4時間目に）
　T ：Mmm, I'm getting hungry.　Are you hungry?
　Ss：Yes.　No.
　T ：What is on today's menu?　Does anyone know it?
　Ss：Spaghetti and meat sauce.
　T ：Oh, it's my favorite food.　Do you like it?
　Ss：Yes.
●学校行事
　T ：Next week we have a chorus contest.　Last year class B won the 1st prize.　Which class do you think will win this year?
　Ss：Our class!
　S1：Class B.
　S2：Class A.
　T ：OK, please raise your hands.　I think class A will win the first prize.　Raise your hands.
　Ss：そう思う生徒たちが手を挙げる

Small Talk 集

●テスト前に

　T：The test is coming soon.　Did you study last night?
　Ss：Yes.
　T：What did you study?　Math?　Social studies?　English?
　Ss：（それぞれ言う）
　T：What did you study, S1?
　S1：I studied English.
　T：Oh, good!　How long did you study it?
　S1：....
　T：One hour?　Two hours?　Three hours?
　S1：Two hours.
　T：Two hours.　You really worked hard.　How about you, S2?

●天気（雨が降りそうなとき）

　T：Oh, look out the window, everyone.　It is getting dark.　Do you know today's weather forecast?
　Ss：Yes.　It will rain in the afternoon.
　T：Oh, it will?　Did you bring an umbrella with you?
　Ss：Yes.　No.
　T：Who brought an umbrella?　Put your hands up.
　Ss：（持ってきた生徒が手を挙げる）

●世間のニュース

　T：Yesterday I read very sad news.　A singer, Izumi Sakai, fell down a stairway and died.
　S：（あっ、知っているなどと言っている）
　T：I like her music, especially "Makenaide."　I have sung the song to 3rd year students on the stage at the gym a few times.　I was really shocked.

●教師自身がしたこと

　T：How was your weekend?　Did you have a good time?
　Ss：Yes.　No.
　T：I ate out at a new Italian restaurant near the station.　Have

　　　　you ever been there?
Ss : Yes.　No.
T　: Oh, you went there.　What did you eat?
S1 : I ate pizza.　It was good.
T　: Yeah, I ate pizza, too.　It was really good.　I think it is the best pizza I've ever eaten.

How was your weekend? Did you have a good time?

Yes.

Yes.

No.

No.

I ate out at a new Italian restaurant near the station. Have you ever been there?

Yes!

No.

No.

Yes.

Yes.

Oh, you went there. What did you eat?

I ate pizza. It was good.

Yeah, I ate pizza, too. It was really good. I think it is the best pizza I've ever eaten.

手作り Listening 教材

RADIO COLUMBUS

Opening

1st **L**istening
番組が始まった時間は何時ですか。絵の時計に針を書き込みましょう。

2nd **L**istening
リクエストをする際の電話とFAX番号を書きましょう。

Tel. No. (　　　　　　)

Fax. No. (　　　　　　)

RADIO COLUMBUS

Weather Forecast

1st Listening

各ビーチの明日の天気は何ですか。地図の中の□に絵を書き込みましょう。

例

2nd Listening

明日の気温は何度ですか。雨の確率は何パーセントですか。地図の中の□に数字を書き込みましょう。

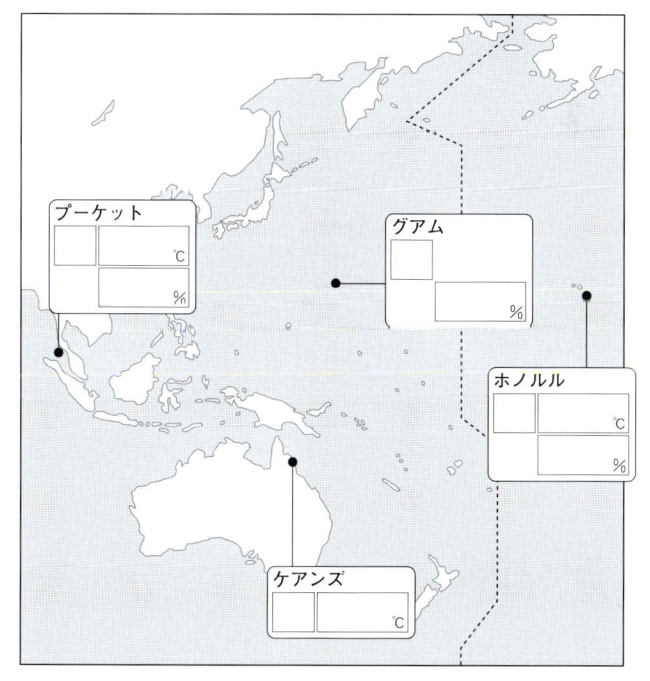

プーケット
℃
％

グアム
％

ホノルル
℃
％

ケアンズ
℃

手作り Listening 教材

RADIO COLUMBUS

Event Announcements

1st Listening
3種類のインフォメーションがありました。何のインフォメーションでしたか。

2nd Listening
それぞれのインフォメーションの細かい情報を書きましょう。

	1st Listening ●何のインフォメーション？	2nd Listening ●細かい情報
1		
2		
3		

RADIO COLUMBUS

Quiz Time

1st **L**istening
第1ヒントを聞いた後，クイズの答えを書きましょう。

1

2

3

2nd **L**istening
最後まで聞いた後，クイズの答えを書きましょう。

1

2

3

手作り Listening 教材

SHOPPING

買い物の会話 Part 1

1st Listening
会話を聞き，場面を表す絵を下のア～オの中から選びましょう。

No.1 (　　)　No.2 (　　)　No.3 (　　)　No.4 (　　)　No.5 (　　)

ア　イ　ウ

エ　オ

2nd Listening
買い物の場面でよく使われる言葉です。(　)を埋めましょう。
1.「いらっしゃいませ。」　　(　　　　) I (　　　　) you?
2.「見ているだけです。」　　I'm just (　　　　).
3.「～を探しているのですが。」　I'm (　　　　) (　　　　) ～.
4.「いくらですか。」　　　　(　　　　) (　　　　) is it / this?
5.「これを買います。」　　　I'll (　　　　) it.

SHOPPING

買い物の会話 Part 2

1st Listening
会話を聞き，場面を表す絵を下のア～ウの中から選びましょう。
No.1 (　　) No.2 (　　) No.3 (　　)

2nd Listening
それぞれの会話で，女の人が話している目的を A～C の中から選びましょう。また，その答えを選んだ根拠となった語句を書きましょう。
(A) 苦情を言っている。
(B) 勧めている。
(C) 値段を交渉している。

	目的	根拠となった語句
No.1		
No.2		
No.3		

手作り Listening 教材

SHOPPING

デパートのアナウンス

No. 1

1st Listening
安いものは何でしょう。その名前を書きましょう。

2nd Listening
それはいくらですか。値段を書きましょう。（値段はドルです。）

	1st Listening		2nd Listening
名 前		値 段	
名 前		値 段	

No. 2

1st Listening
安いものは何でしょう。その名前を書きましょう。

2nd Listening
それはいくらですか。値段を書きましょう。（値段はドルです。）

	1st Listening		2nd Listening
名 前		値 段	
名 前		値 段	

SHOPPING

テレビショッピング

1st Listening
今日の商品は何ですか。
それはいくらですか。
おまけには何がついてきますか。

商 品	
値 段	
おまけ	

2nd Listening
今日の商品についてほかに聞き取れたことをメモしましょう。

手作り Listening 教材

リスニングスクリプト

RADIO COLUMBUS

Opening（トラック１）

DJ&Assistant：Welcome to Radio Columbus.
DJ ：Good morning! At the tone it's ten, ten, ten o'clock! Beep! And welcome to Columbus Rockin' Requests. I'm your excellent host Bradley Bigfoot and with me is...
Assistant：Daisy Petunia, your impossibly talented assistant!
DJ ：And we'll be taking your requests on the request line at 595-0957.
Assistant：That's right, 595-0957. Or you can fax your request to our fax line at 595-7324. Again that's 595-7324 for your fax requests.

Weather Forecast（トラック２）

DJ ：Hope you liked that song! It's one of my old favorites.
Assistant：Yeah, it really brings back memories! It reminds me of lying on the beach in the summertime.
DJ ：Me, too. And speaking of beaches, why don't we check out the weather at beach resorts around the world?
Assistant：Good idea! Let's see... in Cairns, Australia, it's sunny and hot... 28 degrees!
DJ ：Fair dinkum!
Assistant：That means 'good' in Australia. I knew that. OK.... Guam is cloudy today with a 70 percent chance of rain.
DJ ：Not so great. What's it like in Honolulu?
Assistant：Um... partly cloudy, 25 degrees with 10 percent

		chance of rain. Not perfect.
DJ	:	But not too hot. I like that kind of day. Do we have the weather for Phuket, Thailand?
Assistant	:	Yep, it's a scorcher! 32 degrees, sunny with 0 percent chance of rain.
DJ	:	Oh, man! You could fry an egg on my forehead!!

Event Announcements（トラック3）

DJ	:	It's time now for the event calendar, giving you all the upcoming events in our fair city.
Assistant	:	First of all, here are the movie listings. At the Columbus Movie Paradise, they'll be showing Mission Trouble Two at cinema one and Dinosaur World at cinema two and a new comedy, 105 (one oh five) at cinema three.
DJ	:	And for one night only, the rock singing sensation Backstreet Girls will be performing at City Stadium for one night only on Saturday.
Assistant	:	GET OUT! Seriously? I have all their CDs! I really want to see them live on stage!
DJ	:	Well, now's your chance. Tickets are going on sale tomorrow.
Assistant	:	Oh, I can't wait. Also, there's a sale at Takasugiya department store all next week from Friday May 2nd to Friday May 9th. 30 to 50 percent discount on everything in the store.
DJ	:	Hey, sounds good. I love a good bargain.
Assistant	:	Yeah, me, too. Maybe I'll see you there.
DJ	:	Not if I see you first!

Quiz Time（トラック4～9）

DJ	:	Oh Daisy! Guess what?
Assistant	:	I don't know. What?
DJ	:	It's time for the Lunchtime Quizzle Stick.

手作り Listening 教材

Assistant : So it is! What's today's prize?
DJ : Today's winners will receive an all-you-can-eat buffet at Squishy Pete's Pasta Fiesta!
Assistant : Excellent! That's a great restaurant.
DJ : Sure is. So here's the first quiz, you have to guess what this is. Here's hint No. 1! It's an animal that is kept in many homes as a pet.
Assistant : OK. Another hint?
DJ : Yep. It can be used to guard a house.
Assistant : Uh-huh.
DJ : Here's your last hint. It's sometimes seen pulling a sled over snow!

DJ : OK, let's go on to the next quiz. Here's your first hint. It's made of rubber.
Assistant : Rubber.
DJ : It's used by students every day.
Assistant : Used every day.
DJ : And it's sometimes found on the end of a pencil!

DJ : Alright it's time to move on to quiz number 3. Your first hint is : They are used by people so they can see better.
Assistant : So they can see better.
DJ : Yeah, and they are worn on a person's face.
Assistant : On someone's face?
DJ : Yep. And they're made of glass...
Assistant : I see!

SHOPPING

買い物の会話 Part 1 (**トラック10〜14**)
No. 1 (トラック10)

A：Hello.　May I help you?
B：Yes, a hamburger and an orange juice, please.
A：Large or small?
B：Large.

No. 2（トラック11）
A：Hello.　May I help you?
B：No, thank you.　I'm just looking.

No. 3（トラック12）
A：Excuse me.　I'm looking for a tie for my father.
B：OK.　How about this blue one?

No. 4（トラック13）
A：How about this one?　It's a new hat.
B：Um....　OK, I'll take it.

No. 5（トラック14）
A：How much is it?
B：It's 990 yen.
A：All right, here's 1000.
B：Here's your change.

🟥買い物の会話 Part 2 **(トラック15～17)**
No. 1（Customer：Woman　Clerk：Man）（トラック15）
Clerk　　：Hello.　May I help you?
Customer：Yes.　I bought this MD player here last week and it doesn't work.　I'm very upset.
Clerk　　：I understand.　Can you tell me what the problem is?
Customer：No music comes out of the left speaker.
Clerk　　：Mm..., I see.　Let me try.　You're right.　Well, I'll get this fixed right away.
Customer：Thank you.

手作り Listening 教材

No. 2 (At a flea market) (Buyer : Woman　Seller : Man) (トラック16)
Buyer : Oh, this T-shirt is cool.　How much is this T-shirt?
Seller : Do you like it?　It's very popular among girls.
Buyer : How much is it?
Seller : It's 700 yen.
Buyer : 700 yen!　Oh, come on.　It's expensive!
Seller : OK.　600 yen!
Buyer : I'm a student.　How about 500 yen!?
Seller : 550 yen!
Buyer : 500 yen!
Seller : All right.　You win.　Student discount price 500 yen. Thank you.

No. 3 (Customer : Man　Clerk : Woman) (トラック17)
Customer : Excuse me.　Can you help me?
Clerk 　　: Of course.　What can I do for you?
Customer : Well, I want to buy something for my girlfriend's mother.　It's her birthday.
Clerk 　　: Let me see... why not buy her a hat?　Women love hats.
Customer : I don't know what kind of hat she would like.　It's too risky.　She might not like what I choose.
Clerk 　　: Yes, hats are a bit tricky, it's true.　Something less risky.　How about a diamond?　No woman would say no to a diamond.
Customer : A diamond?　Are you crazy?　I don't want to marry her!
Clerk 　　: Oh, that's right.　It's your girlfriend's mother. Sorry.　Well why not a cashmere sweater? They're very popular this year.　Here's a pink one.
Customer : It's nice.　Do you think it's OK for a mother?
Clerk 　　: Oh, yes.　My own mother has one.　She looks great in it.
Customer : Perfect!　I'll take it!

デパートのアナウンス（トラック18, 19）

No. 1（トラック18）
　Attention shoppers!　We have a sale on for today only.　We have sports shoes on sale for $50 a pair, casual shoes $30 a pair.　We have 40 pairs of shoes only.　So come on up to the 5th floor.

No. 2（トラック19）
　Attention shoppers!　If you're hungry, our food court is open for lunch.　We have delicious deals on at Burger Queen. You can have a cheeseburger and French fries for only $2. Yep, you'll eat well with three fried chicken nuggets and a teriyaki burger for only $3.　You can't beat a bargain like that. Chow down.

テレビショッピング（トラック20）
（A：Man　　B：Woman）
A：Hi, oh you look nice in your sweatshirt!
B：Thank you.　It's made in Canada.
A：It looks expensive.　How much is it?
B：It's only 980 yen!
A：Really?　It's so cheap!　What a good buy.
B：That's right!　This is today's special item.　A nice sweatshirt made in Canada!　We have six colors, pink, red, blue, black, white and gray.　Usually this sweatshirt is 3000 yen, but for you who are watching now, you can buy it for only 980 yen!
A：I think you should buy one now!
B：Now we can add this fashionable hat for free!
A：Unbelievable!　A nice sweatshirt for 980 yen plus a fashionable hat for free!
B：That's right!　Call us now!　333-3333-1111.　COLUMBUS Tsushin.

おすすめ Reading 教材

中学生が読める Graded Readers

　Tip 29「多読のすすめ(2)」の③で書いたように，私は中学3年1学期から市販の教材の Graded Reader を使って多読プログラムを行ってきました。読ませ方は Tip 29 をご覧ください。ここではどのような教材を選んだのかを述べ，中学生段階でおすすめの多読用教材を紹介します。

　Graded Readers はたくさん出ていますが，中学段階で読めるものは限られてきます。多読はたくさん読むことが大切です。比較的簡単に読める Graded Readers は Bookworm Series の Starters, Penguin Readers の Easy Starts です。その後の本は，英語が得意な生徒が中学3年で習ったことを生かせば読める本です。

◯xford University Press
● Bookworm Series
　＊Starters（250 headwords）
　　　この Starters が多読の入り口としては最適です。絵が豊富にあり，漫画仕立てになっている本もあり，楽しく読めます。
　・Survive
　　　生徒たちに一番人気の本。読者が飛行機の操縦士になり，自分のコースを選択するというロール・プレイ・ゲームを本にしたものです。
　＊Stage 1（400 headwords）
　　　Startersと比べるとぐっと英語の量が増えます。英語の得意な生徒たちにはこの段階を到達目標とさせるといいでしょう。
● Dominoes
　　Bookworm Seriesと難易度は一緒です。
　＊Starter（250 headwords）
　＊Level 1（400 headwords）

● Classic Tales
「赤ずきん」「白雪姫」「都会のねずみと田舎のねずみ」など生徒たちが子どものころに読んだ物語が簡単な英語で書かれています。内容を知っているだけにすらっと読めます。
＊Beginner（100 headwords）
＊Elementary 1（200 headwords）
＊Elementary 2（300 headwords）

Longman Penguin Readers
オリジナルの物語のほかに，映画スターの話，映画を小説にしたものなど工夫を凝らした Graded Readers です。
＊Easy Starts（200 words）
　まずはこの段階からスタートさせるといいでしょう。Bookworm Series の Starters と同じレベルです。
＊Beginner（300 words）
　これは Bookworm Series の Starters と Stage 1 の間ぐらいの段階のものです。この段階をたくさん読むと次の Elementary, Book Worm Series の Stage 1, Cambridge English Readers Level 1 に進めるでしょう。
・Marcel and Shakespeare
　ねずみのマーセルが活躍するシリーズの一つ。簡単な英語でそのおもしろさがわかります。
＊Elementary（600 words）

Cambridge English Readers
＊Level 1（400 headwords）
・The Big Picture
　英語が得意な生徒，挑戦したい生徒たちに最適の1冊。読み終えると自信がつきます。

おすすめ英語教師の参考図書

授業を考える際に役立つ本17冊

　これまでにいろいろな本を読み，勉強してきました。毎年「勉強になるなあ」と思う本に出会います。ここでは現時点（2007年7月）で「これは！」というものを紹介します。

中・長期視点に立った授業設計に役立つ本
1）『授業づくりと改善の視点』（2003）　高橋一幸／教育出版
　　＊第5章「Top-down 方式による授業作りと改善の視点」役立ちます。1時間の授業の考え方も学べます。
2）『中学校英語科到達目標に向けての指導と評価』（2003）
　　本多敏幸／教育出版
　　＊指導計画をどう立てたらいいかがわかります。1時間の授業の考え方も学べます。
3）『英語コミュニケーションの基礎を作る音読指導』（2004）
　　土屋澄男／研究社
　　＊音読についていろいろなことが学べます。
4）『"英語で会話"を楽しむ中学生―会話の継続を実現するKCGメソッド』（2003）　太田洋・柳井智彦／明治図書
　　＊会話を継続する指導を3年間どう積み上げていくのかが書かれています。
5）『英語力はどのように伸びてゆくか』（2003）
　　太田洋・金谷憲・小菅敦子・日臺滋之／大修館書店
　　＊各章の「まとめ」を読んでください。中学生が実際にどのように英語を習得していくかがわかります。いかに教えたことはすぐに身につかないかがわかります。そこから中・長期視点に立った授業設計ができます。

教科書本文をどう扱うかを考えるのに役立つ本
1) Essentials of English Language Teaching (1993)
   Edge, J. Longman.
   ＊Receptive Skills のところで Before Text, With Text, After Text とテキストの扱い方を3段階に分けて具体的に示しています。
2) Making the most of your textbook (1987) Grant, N. Longman.
   ＊Reading at an elementary level, Reading at intermediate and advanced levels でテキストの扱い方を具体的に示しています。
3)『改定版英語科教育実習ハンドブック』(2002)
   米山・杉山・多田／大修館書店
   ＊「教育実習の本」と侮ることなかれ。基本の「き」が詰まっています。「授業の工夫(5)本文の読解指導」で本文の扱い方を具体的に示しています。

「教えていることの裏づけが欲しい」比較的手軽に理論的なことを学ぶ本
1) The Practice of English Langage Teaching. Third Edition (2001) Harmer, J. Longman.
   ＊この本は目次を見てほしい。授業に関する様々なことの具体例と理論が一緒に書かれている。いつも手元に置きたい本。
2) How Languages are Learned. Second Edition (1999)
   Lightbown, P & Spada, N. Oxford University Press.
   ＊「言語はどう学ばれるのか」についてやさしく書かれている本。「何を読んだらいい？」と聞かれたら迷わずこれをお勧めします。
3)『外国語学習に成功する人，しない人』(2004)
   白井恭弘／岩波書店
   ＊第二言語習得についてわかりやすく書かれています。自分の行っている実践の裏打ちを得られる本。
4)『第二言語習得研究から見た効果的な英語学習法・指導法』(2006)
   村野井仁／大修館書店

おすすめ英語教師の参考図書

　　＊教室での言語習得（Classroom Second Language Acquisition）に関して，これまでの研究を踏まえて，日本の教室でどのように授業を行えばよいかが書かれています。活動例が具体的かつ現実的で，とても参考になります。
5 ）『より良い外国語学習法を求めて―外国語学習成功者の研究』（2003）竹内理／松柏社
　　＊学習法がいろいろ紹介されています。いろいろな視点から学習法が書かれていて，生徒たちに紹介できる学習法が見つかります。

明日からの授業を考える際にちらちら見る本（私はよく見ます，見ました）
1 ）1000 pictures for teachers to copy.（1984）　Wright, A.　Collins.
　　＊絵が下手な私には必需品。単語カードとしても使えます。
2 ）『英語の言語活動 What & How』（1991）　原田昌明／大修館書店
　　＊文法項目ごとに，実際に使える言語活動が載っています。どれも教室で使えるものばかりです。
3 ）『英語が使える中学生　新しい語彙指導のカタチ　学習者コーパスを利用して』（2006）　太田洋・日臺滋之／明治図書
　　＊どのような語彙をどう教えればよいのか，言語材料別に word list，活動例が載っています。明日からの授業に役立つ本。

語法，文法説明を考える際に参考になる本・辞書
Practical English Usage.　Third Edition（2005）
　　Swan, M.　Oxford University Press.
　　＊私の信頼するネイティブスピーカーが語法の質問をするといつも見る本。やはり先生の机に 1 冊。Shortened and simplified version の Basic English Usage もお薦め。

　以上，17冊の本を紹介しましたが，次の本も役に立ちます。いずれも日本のものです。
・『総合英語 Forest』（2003）　石黒昭博監修／桐原書店

- 『英文法解説』（1991）　江川泰一郎／金子書房
- 『コーパスからはじめる単語使いこなし英会話』（2004）
  太田洋・日臺滋之・神白哲史／旺文社
- 『英文法の疑問　恥ずかしくてずっと聞けなかったこと』（2004）
  大津由紀雄／NHK出版
- 『ハートで感じる英文法』（2006）　大西泰斗／NHK出版
- 『Ambitious 高校英語』（1996）　金谷憲編著／桐原書店
- 『中学総合的研究英語』（2006）　金子朝子監修／旺文社
- 『クリスタル総合英語』（1998）　鈴木寿一／増進堂
- 『コーパス練習帳プラス』（2006）　投野由紀夫／NHK出版
- 『表現のための実践ロイヤル英文法』（2006）
  綿貫陽・マーク・ピーターセン／旺文社
- 『ウィズダム英和辞典』／三省堂

太田　洋（おおた・ひろし）

1960年東京都生まれ。2002年東京学芸大学大学院教育学研究科英語教育専攻修了。東京都の中学校、東京学芸大学附属世田谷中学校教諭を経て、駒沢女子大学人文学部国際文化学科教授。光村図書発行の文部科学省検定教科書『COLUMBUS 21 ENGLISH COURSE』の著者を務める。

著書に『英語力はどのように伸びてゆくか』(大修館書店，共著)，『"英語で会話"を楽しむ中学生』(明治図書，共著)，『コーパスからはじめる単語使いこなし英会話』(旺文社，共著)，『英語が使える中学生，新しい語彙指導のカタチ』(明治図書・共著) などがある。

英語を教える50のポイント
― Tips for English Teachers ―

2007年11月20日　第1刷発行
2014年3月15日　第6刷発行

著　者――太田　洋
発行者――常田　寛
発行所――光村図書出版株式会社

〒141-8675　東京都品川区上大崎2-19-9

電話03-3493-2111（代表）

ホームページ　http://www.mitsumura-tosho.co.jp

印刷所――株式会社加藤文明社
製本所――株式会社民由社

ⒸHiroshi Ota 2007 Printed in Japan
ISBN　978-4-89528-417-2

価格はカバーに表示してあります。

本書の無断複写（コピー）は禁じられています。

落丁本・乱丁本はお取り替えいたします。